全国公共图书馆事业发展战略研究丛书

公共图书馆服务创新战略研究报告

广州图书馆 中山大学国家文化遗产与文化发展研究院 编

国家图书馆出版社

图书在版编目（CIP）数据

公共图书馆服务创新战略研究报告 / 广州图书馆，中山大学国家文化遗产与文化发展研究院编. — 北京：国家图书馆出版社，2021.11
（全国公共图书馆事业发展战略研究丛书）
ISBN 978-7-5013-7378-9

Ⅰ.①公… Ⅱ.①广… ②中… Ⅲ.①公共图书馆—图书馆服务—研究报告 Ⅳ.①G258.2

中国版本图书馆 CIP 数据核字（2021）第 218031 号

书　　名　公共图书馆服务创新战略研究报告
著　　者　广州图书馆　中山大学国家文化遗产与文化发展研究院　编
责任编辑　张　颀　王炳乾
封面设计　耕者设计工作室

出版发行　国家图书馆出版社（北京市西城区文津街 7 号　100034）
（原书目文献出版社　北京图书馆出版社）
010-66114536　63802249　nlcpress@nlc.cn（邮购）
网　　址　http://www.nlcpress.com
排　　版　北京旅教文化传播有限公司
印　　装　河北鲁汇荣彩印刷有限公司
版次印次　2021 年 11 月第 1 版　2021 年 11 月第 1 次印刷

开　　本　710mm×1000mm　1/16
印　　张　15.25
字　　数　210 千字
书　　号　ISBN 978-7-5013-7378-9
定　　价　89.00 元

“全国公共图书馆事业发展战略研究”丛书
编委会

公共图书馆服务创新战略研究项目
联合课题组

学术统筹：程焕文

广州图书馆团队

负 责 人：方家忠

成　　员：付跃安　肖红凌　潘　颖　马泳娴
邵　雪　宁亚龙

中山大学团队

负 责 人：肖　鹏

成　　员：张　靖　唐　琼　周　旖　莫纯扬
王　影　何亚丽　邱　越　王　朦
麦洁雯　黄书悦　姚彩虹

总 序

凡事预则立，不预则废。长期以来，面向未来开展战略研究、科学编制中长期发展规划是指导我国经济社会快速稳定发展的宝贵经验。从 1953 年开始制定实施五年规划，我国目前已编制了十四个五年规划。这些五年规划不仅有利于保持国家战略连续性稳定性，将战略思路落到实处，而且有利于明确未来一段时期内的发展目标和重点任务，集中力量办大事。公共图书馆历来也十分重视编制中长期发展规划，早在 1956 年国家图书馆就制定了第一个中长期发展规划——《北京图书馆十二年（1956—1968）工作规划纲要》，特别是“十二五”以来，《全国公共图书馆事业发展“十二五”规划》《“十三五”时期全国公共图书馆事业发展规划》发布后，很多图书馆也都开始围绕图书馆事业发展的重难点开展研究，编制五年发展规划，指导事业未来五年的发展方向。

“十四五”时期是我国在全面建成小康社会、实现第一个百年奋斗目标之后，乘势而上开启全面建设社会主义现代化国家新征程、向第二个百年奋斗目标进军的第一个五年。当前，世界多极化、经济全球化、社会信息化、文化多样化深入发展，公共图书馆事业正在经历传统媒体和新媒体融合发展带来的海量异构资源的巨大考验，经历数字网络环境下多元信息服务平台的强势竞争，经历在线学习、开放科研、协同创新等信息与文化交流传播新形态的猛烈冲击，经历新冠肺炎疫情导致疫情防控、经费缩减和服务需求变化的严峻考验，面向“智慧社会”的公共图书馆事业转型创新迫在眉睫。同时，

“文化强国”建设被提到突出重要位置，公共图书馆在国家经济社会发展中的地位、作用空前提高。2019 年 9 月，在国家图书馆建馆 110 周年前夕，中共中央总书记、国家主席、中央军委主席习近平同志给国家图书馆八位老专家回信，指出图书馆事业在国家发展特别是在文化发展中的突出重要作用和重要地位，明确强调“图书馆是国家文化发展水平的重要标志，是培育文化自信、滋养民族心灵的重要场所”，对图书馆事业提出“坚持正确政治方向，弘扬优秀传统文化，创新服务方式，推动全民阅读，更好满足人民精神文化需求，为建设社会主义文化强国再立新功”的殷切期望，为公共图书馆在新时代继续推进图书馆事业，服务国家发展大局，服务公众终身学习指明了前进方向，提供了根本遵循。2021 年 3 月，《中华人民共和国国民经济和社会发展第十四个五年规划和 2035 年远景目标纲要》明确提出，要推进公共图书馆等公共文化场馆免费开放和数字化发展；深入推进全民阅读，建设“书香中国”；加强古籍保护研究利用；积极发展智慧图书馆等。而后陆续发布的《“十四五”文化和旅游发展规划》《“十四五”公共文化服务体系建设规划》也都进一步明确了公共图书馆事业未来的发展重点。

为了应对当前经济社会改革发展和文化空前繁荣给公共图书馆事业带来的机遇和挑战，深入学习贯彻习近平总书记给国家图书馆八位老专家的回信精神，贯彻落实国家以及文化和旅游部系列“十四五”规划，近两年，图书馆行业不断围绕“十四五”时期事业发展，通过召开专题研讨会、实地调研、发表专栏文章、公开征求意见等方式，开展了大量调查研究及实践活动，国家图书馆和各级公共图书馆陆续编制了本馆的“十四五”发展规划，中国图书馆学会、全国图书馆标准化技术委员会等图书馆行业组织也陆续编制了“十四五”规划，为推动全国公共图书馆事业在新时代实现创新发展指明了方向。

2020 年 4 月，国家图书馆、中国图书馆学会受文化和旅游部公共服务司委托，承接“全国公共图书馆事业发展战略研究”项目，邀请 15 家副省级以上公共图书馆共同组成全国公共图书馆事业发展战略研究工作组，汇聚全国公共图书馆及全行业专家团队力量，围绕公共图书馆文献资源建设、基层公共文化服务、优秀传统文化传承发展、全民阅读服务、新技术创新应用等13个专题开展研究。通过文献整理、问卷调查、专家访谈、网络调研、实地考察等多种形式，全面总结我国公共图书馆事业的发展经验和问题，明确未来发展思路，共形成约122万字的15份调研报告，提出49项“十四五”时期重点项目建议，于2021年5月正式结项。为促进项目研究成果的转化利用，国家图书馆、中国图书馆学会联合项目成员馆策划出版“全国公共图书馆事业发展战略研究”系列丛书，本套丛书既有归纳全部研究内容的总报告，也有针对热点领域分析的专题报告。希望通过本套丛书的出版，为科学谋划公共图书馆事业“十四五”时期及未来更长远发展，支撑各级各类图书馆的中长期规划编制，以及图书馆学开展专业研究、文化主管部门进行有效管理提供参考。

本系列丛书在编纂过程中，得到了全国许多图书馆的积极参与与热情帮助，得到了专家学者及其研究团队的理解支持与悉心付出，在此我谨向所有参与本系列丛书编纂出版的机构与个人表达衷心谢忱。我们真诚地希望本书能够为我国公共图书馆事业未来转型发展提供更好的思路和建议，同时也希望能够引发社会各界对公共图书馆事业未来发展的更多关注与思考。

文化和旅游部副部长、中国图书馆学会理事长

饶权

二〇二一年十月

目　录

前　言

1850 年，英国下议院通过世界上第一部公共图书馆法案。1852 年，根据这一法案，曼彻斯特公共图书馆开放，文学大师狄更斯到场致辞，这是现代意义上公共图书馆的肇始。一百七十年以来，公共图书馆事业几经沉浮，历经来自政治、社会、文化和技术等的冲击，但始终屹立于世界文化之林，成为人类精神家园的守护者。早在 19 世纪末，科技的发展催生了“图书馆即将消亡”的论调。进入 20 世纪后，随着计算机和网络技术的发展，公共图书馆的生存受到前所未有的挑战。但时至今日，公共图书馆不仅没有消亡，反而越来越体现出在满足民众文化需求方面的价值，这与图书馆一直以来秉持的创新立场有关，正是通过在学理和实践上的推陈出新，才使图书馆做到与时俱进，服务能力持续提升，使图书馆始终站在满足民众文化需求的“鳌头”。

创新是引领发展的第一动力，创新驱动已成为我国的国家政策。“十三五”以来，我国政府先后发布了百余条与创新有关或涉及创新的法律法规和政策文件，如《国家创新驱动发展战略纲要》《关于深化体制机制改革加快实施创新驱动发展战略的若干意见》《文化部“十三五”时期文化产业发展规划》《文化部“十三五”时期公共数字文化建设规划》等。党的十九届五中全会提出 2035 年进入创新型国家前列的目标，指出要坚定不移贯彻创新、协调、绿色、开放、共享的新发展理念，以改革创新为根本动力，以满足人民日益增长的美好生活需要为根本目的。一系列法律法规与政策文件为公共图书馆服务创新奠定了基础，也提出了要求。改革开放以来，我国公共图书馆事业快速发展，到2020年初，全国已有2300多个县建立了县域公共图书馆总分馆制，许多大中城市建成了相对完善的公共图书馆服务体系，基本解决了公共文化服务从“无”到“有”的矛盾。随着我国经济社会快速发展，信息技术日新月异，不断催生出新的生活方式和社会需求，在这一背景下，图书馆只有积极探索，努力创新，才能满足人民群众对高质量、高品位文化的需求，实现文化服务向“美好”的转型。

为深入学习贯彻习近平总书记给国家图书馆八位老专家的回信精神，切实落实《中华人民共和国公共图书馆法》要求，谋划公共图书馆未来发展大局，受文化和旅游部公共服务司委托，国家图书馆、中国图书馆学会于2019—2020年组织开展了全国公共图书馆事业发展战略研究工作，广州图书馆负责子课题“公共图书馆服务创新战略研究”。2019年底收到课题通知后，广州图书馆与中山大学国家文化遗产与文化发展研究院共同组成课题组，紧锣密鼓地推进各项研究工作。

在课题研究中，课题组先后召开了多场线下和线上讨论，邀请业界专家就“十四五”期间公共图书馆服务创新建言献策，获得了大量有价值的建议。课题组还查阅了国内外研究成果、法律法规和政策文件、创新案例和创新实践等。其中在创新案例方面，广州图书馆全程参与了两届由中国图书馆学会公共图书馆分会组织的“公共图书馆创新创意征集案例推广活动”，积累了许多全国各地公共图书馆的创新创意案例，为研究提供了丰富的一手资料。在研究过程中，课题组根据服务创新的总体情况和理念创新、内容创新、体制机制创新、方式创新四个具体方面，设计了“公共图书馆服务创新”调查问卷，分别选取东、中、西部地区不同经济发展水平的省、市、县（区）典型公共图书馆开展调查，以了解不同地区、不同规模、不同发展水平的公共图书馆对于服务创新的做法、理解与认识。调查得到了各图书馆的积极响应，先后收到来自各位图书馆同人的答卷489份。经课题组努力，研究报告初稿于2020年5月完成，后经国家图书馆组织的专家论证及进一步修改，最终于

2020 年 10 月定稿。

本书分为七章。第 1 章为绪论，讨论公共图书馆服务创新的概念，介绍研究思路、研究方法等；第 2 章从四个方面讨论了我国公共图书馆服务创新面临的问题；第 3 章从社会环境与社会需求、国家和行业政策两方面对我国公共图书馆服务创新环境进行扫描，总结我国公共图书馆服务创新面临的机遇和挑战；第 4 章为文献综述，从服务理念、服务内容、服务方式、服务机制 / 体制四个方面对近年来公共图书馆服务创新的研究成果进行总结；第 5 章为实践综述，从国内、国外两个角度汇集和分析了公共图书馆服务创新的优秀案例；第 6 章讨论了公共图书馆服务创新的战略思路；第 7 章在上述研究基础上，讨论了我国公共图书馆在“十四五”期间服务创新的战略目标，并形成了实施策略。

在课题研究基础上，课题组起草了两份重点项目实施方案，即《公共图书馆服务创新推广机制建设项目实施方案》与《公共图书馆服务下沉及效能提升项目实施方案》，提交国家图书馆和中国图书馆学会参考。

在由国家图书馆和中国图书馆学会组织的专家论证中，课题报告得到了专家的一致好评。但由于研究者水平所限，疏漏之处在所难免，敬请读者不吝赐教。

公共图书馆服务创新战略
研究项目联合课题组
二〇二一年九月

1 绪论

1.1 研究背景及意义

在党的十九大上，习近平同志宣布“中国特色社会主义进入新时代”。在新时代，为了满足人民群众日益增长的精神文化需求，国家政府部门高度重视公共文化事业，党的十九届四中全会全面部署了推进国家治理体系和治理能力现代化的各项工作，强调要健全人民文化权益保障制度，完善城乡公共文化服务体系。在现代公共文化服务体系中，公共图书馆是重要的支撑力量，而在新时代，公共图书馆要持续发挥其支撑作用，则必须重视“服务创新”这一关键议题。

公共图书馆是最具代表性的公共文化服务机构之一。从公共图书馆事业发展的逻辑来看，当前推动我国公共图书馆事业发展的三个支柱分别是：投入、创新、需求，与之相对应的是三个主体（政府、行业、公众）和三项核心使命（保障、创新、导向），由此可推导出公共图书馆事业发展的三个关键目标：建立体系、推动社会化与专业化发展、引领服务内容与形式。

具体来讲，政府为建立健全公共图书馆服务体系，投入资源为公共图书馆事业发展提供保障，图书馆行业不断创新推动图书馆社会化和专业化发展，公众需求引导图书馆服务内容与形式不断发展。各领域、各主体都需要提出新需求以不断创新，其中，政府提出新目标、新要求、创新政策保障，图书馆提出新业态，实现服务与管理创新，公众提出新需求并参与公共服务。从这个角度来讲，实施服务创新战略就是要建立以公共图书馆为主体，以创新服务为前驱，以创新管理为支撑的事业发展新动力机制。因此，在“十四五”时期，公共图书馆如何适应新时期社会环境和社会需求的变化，如何建立开放互动机制，不断创新服务内容和服务方式，提升服务质量和服务效率，更好地保障公民的公共文化权益，满足用户日益增长的精神文化需求和对美好生活的向往，这关系到公共图书馆服务能否做到与时俱进，也关系到图书馆事业能否健康可持续发展。

“十三五”期间，我国公共图书馆已经在服务理念、服务内容、服务体制与机制、服务方式等方面取得了许多创新实践经验，现代公共图书馆理念普及推行，全民阅读如火如荼，总分馆建设卓有成效，移动服务已成潮流……在“十四五”期间，公共图书馆将砥砺前行，进一步巩固成果，实现长足发展。在这一背景下，深入研究我国公共图书馆服务创新的社会环境、社会需求，明确新时期公共图书馆服务创新的关键问题和发展趋势，对我国公共图书馆提升服务效能，找准发展方向，争取政府、社会对公共图书馆的关注、重视与支持，并最终推动全国公共图书馆事业在新时代实现整体进步具有重要意义。

1.2 概念界定

在现有的研究中，创新被定义为“创造性破坏的过程”，是一种“不断内生变革经济结构、不断破坏旧的并创造新的产业变革过程”①。本书旨在为我国公共图书馆事业创新发展提供参考借鉴，因此主要立足于我国具体国情、国策及公共图书馆发展现状和发展趋势，将视域聚焦在公共图书馆服务创新的发展战略之上。从公共图书馆实际出发，本书所倡导的创新是一种广泛意义上的创新理念与行为实践，即凡是图书馆（个体）自身未实践过的、推动进步的、有益于提升服务效能的活动都是创新。在纵向视角下，不同发展阶段的图书馆有不同的创新层次，所谓“服务创新”可以具体表现为一系列层次不同的选项，包括服务理念的创新、服务内容的创新、服务体制与机制的创新、服务方式的创新。综上所述，本书关于“服务创新”的概念界定如下：

（1）图书馆服务创新的内涵包括支撑图书馆转型发展并最终支撑服务效能提升的服务理念、服务内容、服务体制与机制、服务方式等方面的创新。

（2）图书馆服务创新具体体现为四个方面：服务理念创新、服务内容创新、服务体制与机制创新、服务方式创新。具体来讲，服务理念创新主要指图书馆在工作实践中，从服务性出发，对一系列图书馆问题所形成的总体思维的创新；服务内容创新主要指图书馆在内容供给和具体服务项目方面的创新；服务体制与机制创新主要指图书馆在运营和运作机制方面的创新，一般反映在相关政策、指南或相关法律法规文本之中；服务方式创新主要指图书馆在服务供给渠道、服务开展手段等方面的创新。

需要说明的是，所谓的“创新”并非对“传统”或“传承”的否定，恰恰相反，“创新”更应该被视为对“传统”和“传承”的提炼和发展。“创新”永远是相对而言的，如果没有“传承”，则“创新”本身也无从谈起。

---

① 傅晓岚．中国创新之路［M］．李纪珍，译．北京：清华大学出版社，2017：5.

1.3 研究思路

本书由以下各章组成：

第 1 章为绪论，简述研究的整体情况。

第 2 章为问题陈述，基于前期研究和问卷调查，梳理当前我国公共图书馆服务创新工作存在的主要问题，为后续研究奠定基础。

第 3 章通过分析社会环境与国家政策对图书馆服务创新的影响，总结图书馆服务创新发展的机遇和挑战。从信息技术、经济、文化等方面对社会环境进行分析，通过各类数据调查分析用户需求的变化。从法人治理、社会化、公共图书馆法等国家公共文化方面的法律、政策、方针方面分析国家相关政策导向。

第 4 章对国内外公共图书馆服务创新理论进行研究，从总体层面的公共图书馆服务创新以及分主题的服务理念、服务内容、服务体制与机制、服务方式等四个方面进行研究概述。

第 5 章以案例为中心，呈现国内外公共图书馆服务创新实践的现状与未来。选取国内外公共图书馆服务创新典型案例进行分析，探究国内外公共图书馆服务创新存在的问题和发展趋势。

第 6 章在问题分析、环境扫描、理论回顾和案例研究的基础上，探讨“十四五”时期我国公共图书馆服务创新的战略思路，厘清公共图书馆服务创新的基本内容和公共图书馆服务创新的具体层次。

第 7 章进一步明确“十四五”时期我国公共图书馆服务创新的战略目标及发展策略。

1.4 研究方法

1.4.1 文献调查法与政策分析法

采用文献调查法对国内外公共图书馆服务创新方面的研究进行梳理和总结，评述学界、业界的代表性研究成果；调查国内服务创新的相关政策及社会环境方面的研究，分析公共图书馆发展的政策导向和社会需求变化。本书附录梳理了2015年以来我国各级行业主管部门以及图书馆领域与创新相关的一系列政策。

1.4.2 问卷调查法

"公共图书馆服务创新战略研究"课题自2020年3月11日发起关于"公共图书馆服务创新"的调查问卷，围绕"公共图书馆服务创新"的主题开展问卷设计，根据图书馆服务创新的总体情况和服务理念创新、服务内容创新、服务体制与机制创新、服务方式创新四个具体方面，设计五个板块的问卷内容，围绕国内过去五年来公共图书馆的创新状况和成果以及具体案例设计一系列问题，展望未来五年公共图书馆服务创新的方向和途径。

截至2020年3月27日，共收到来自各个图书馆领导、同人的答卷共489份，发放时间共计17天。经过初步筛选，共回收来自各图书馆馆长（含副馆长）64人及各部门领导（包括主任、副主任、部门负责人等）的334份答卷。问卷的有效率为68.30%，通过Cronbach α 系数计算可得，问卷的信度为0.753，大于0.7，表明研究数据信度良好。具体问卷可参见附录1，问卷分析报告可参见附录 2。

1.4.3 案例研究法

本书综合采用网络调查、内容分析等方法开展公共图书馆服务创新相关的最佳实践案例等的调查。具体包括：国外方面以欧美发达国家的代表性图书馆和创新创意案例为研究对象，重点考察了城市图书馆委员会（Urban Libraries Council，ULC）主导的公共图书馆创新奖评选；国内方面以中国图书馆学会公共图书馆分会历届公共图书馆创新创意推广活动的获奖案例为主要研究对象，主要覆盖东部沿海地区和中部地区的代表性公共图书馆。

2 我国公共图书馆服务创新的问题分析

基于文献调查、政策分析、问卷调查和案例研究，本书认为，当前国内公共图书馆在服务创新方面仍有较大的发展空间。本章将以“公共图书馆服务创新”调查的研究结果为基础（完整调查报告见附录 2），归纳和梳理公共图书馆服务创新领域的现存问题。

2.1 创新氛围的营造与培育不足

党的十八大提出实施创新驱动发展战略。在党和国家相关政策的指导下，相关部门和行业组织高度关注公共图书馆事业的服务创新问题。随着国家和各地公共文化服务体系示范区的展开，各级公共图书馆积极地适应新时期社会环境和社会需求的变化，不断创新服务内容和服务方式，提升服务质量和服务效率，形成了一定的创新氛围。但值得注意的是，创新氛围尚未成为一种业界的“新常态”，创新思维和创新实践也尚未真正成为中国公共图书馆发展的核心驱动力。

仅从服务理念创新来看，根据问卷调查，七成左右的人认为我国公共图书馆的服务理念创新主要体现在共享服务理念和开放服务理念上，仅三成左右的人认为平等服务理念、共创服务理念也有一定体现，认为体现了包容服务理念的人不到一成。目前国际图书馆界的前沿理念主要包括可持续发展理念、包容理念、共创理念。国内在可持续发展理念方面的服务创新存在明显不足，在帮助提高全社会信息素养，提升公民参与、支持就业和经济发展方面的服务有所欠缺；在包容性方面，国内公共图书馆主要关注老年人、青年人以及特殊群体服务，但在不同民族、不同人种方面的包容性服务较为欠缺，对于特定群体服务的挖掘能力与国外存在一定差距；共创理念方面，国内公共图书馆创客空间的建设尚未普及，仅小部分图书馆具备为创客群体提供特定服务的能力，而图书馆与科技园区、科技孵化器的结合实践也有待进一步推进，此外，国内公共图书馆还未普遍意识到残障创客群体服务的重要性，残障创客群体的便捷服务设施建设能力不足。

2.2 创新经验的总结与推广不足

“十三五”时期，在加快建设现代公共文化服务体系的过程中，各地公共图书馆因地制宜地探索适合本区域的发展模式，我国公共图书馆领域已经积累了一定的创新经验。而随着国家和各省公共文化服务体系示范区建设进程的推进、两届公共图书馆创新创意案例征集推广活动的开展、一系列相关学术会议和研讨班的推广，公共图书馆领域完成了对创新经验和创新案例的初步总结，为服务创新推广机制建设提供了重要的前期成果。

尽管前期已有一定的基础，但我国创新经验和创新案例的应用范围有限、周期过长，尤其是较发达地区的创新经验和创新案例很少能够在提炼、总结的基础上促进和推动欠发达地区公共图书馆事业的发展。

以基层公共图书馆为例，基层是公共图书馆服务的重点和难点。随着“图书馆总分馆制”“基层综合性文化服务中心”等一系列举措的实施和推进，我国基层公共图书馆建设加快发展，在设施条件、服务供给等方面有了明显改善，但从总体上来看，基层公共图书馆仍然是我国公共文化服务体系的薄弱环节。一方面，基层分馆的建设需要大量资金、人力、资源，只有大型公共图书馆、具备资源优势的图书馆才具有开展基层分馆建设工作的能力，小型公共图书馆特别是欠发达地区的公共图书馆缺乏人力、物力、财力，基层分馆的建设工作难以开展；另一方面，公共图书馆与基层文化服务中心、农家书屋以及新时代文明实践中心等基层服务点壁垒明显，合作不足，资源分散。上述问题实际上在发达地区已有一定的探索，形成了创新经验，但缺乏相应的经验发掘、案例总结和创新推广机制。

总的来讲，基于一系列公共图书馆行业的学术研讨和案例征集活动，一批可借鉴、可复制的公共图书馆创新服务案例已经相继涌现，应当支持、推动已有的创新改革举措在全国范围内复制推广，更好地贯彻落实创新发展理念，推动公共图书馆服务高质量发展。

2.3　服务体制与机制的创新深度与广度不足

服务体制与机制是公共图书馆事业发展的基础支撑，服务体制与机制的创新在所有的服务创新中是最为重要的，但问卷调查显示，国内公共图书馆在服务体制与机制方面的创新稍显不足，仅 22.46% 的问卷填写者认为图书馆在服务体制与机制方面有重大创新，服务体制与机制方面的创新度平均分为 3.94 分（满分为 5 分），低于其他方面的服务创新得分。

“十三五”以来，我国公共图书馆领域的服务体制与机制创新主要体现在总分馆体系建设和社会力量参与两个方面，联合社会力量建设主题分馆、特色分馆的建设实践有较大成效。然而，图书馆在法人治理制度改革、基层服务延伸、文旅融合发展几个方面的创新不足。法人治理制度方面，国家目前以试点城市试点图书馆的方式推进制度改革，改革的覆盖面并未覆盖到大部分公共图书馆。而且，理事会制度也尚未普及。从法人治理结构试点工作现状来看，目前存在诸如相关法律法规细则不完善、相关人事及财政等配套政策无法有效落地、理事会成员专业提升机制及理事会决策支撑机制待完善、监督机制缺位等问题，导致试点工作运行不顺畅。基层服务延伸方面，基层综合性文化服务中心的建设尚在起步阶段，规范化、体系化程度不足；文旅融合方面，公共图书馆活动举办以及分馆建设的文旅融合程度不高，地区特色旅游景区、景点的文化价值挖掘不足。可见，我国公共图书馆在服务体制与机制方面仍有较大创新空间。

2.4　对创新技术的回应和应用不足

改革开放以来，公共图书馆长期关注技术创新，并因此取得了突破性的发展，但随着技术环境的更新变化，近年来，公共图书馆对新技术体系的回应和应用明显有落后的趋势，其根源在于当下公共图书馆逐渐失去信息技术的主动权，缺乏相应的人力、财力来推动技术创新。

由于失去信息技术的主动权，公共图书馆只能采用“引入”的方式实现创新技术的应用。一方面，现代信息技术日新月异，公共图书馆从决定引入某种新技术到将该技术应用于用户服务的过程经历了项目决策、项目策划、项目招标、投入建设、应用测试、推广应用等数个环节，这个过程少则三五个月，多可达一年以上，新服务技术应用方面的周期给公共图书馆服务创新带来了不小的挑战；另一方面，公共图书馆对新需求和新趋势的反应速度明显迟缓，无法及时使用技术手段满足用户需要。在这样的背景下，公共图书馆有必要通过特定手段加强对创新技术的应用能力、加快应用速度，提升应变和服务能力。

基于以上问题，下文将从环境扫描、理论回顾、案例分析等不同角度入手，展开公共图书馆服务创新的战略研究。

3　我国公共图书馆服务创新的环境扫描

对“十四五”前夕的社会环境与国家政策展开分析，是探索“十四五”时期图书馆服务战略的必要前提。为了合理、有效地梳理出和图书馆相关的宏观趋势，课题组在调研中搜集、汇总了图书馆界中坚力量的基本观点，同时也展开了针对各级创新相关政策的全面梳理。

3.1　社会环境与社会需求变化分析

3.1.1　社会环境分析

通过问卷调查，课题组搜集并梳理了图书馆副主任级别以上的骨干人员对影响公共图书馆服务创新的社会环境因素的观点，结果如图 3-1 所示：多数人认为信息技术（90.72%）、经济形势（54.79%）、媒体发展（52.40%）[①]、城乡问题（30.24%）等是影响图书馆服务创新的社会环境要素。基于此，下文主要对前四大社会环境因素展开进一步考察。

① 即以微信、微博、抖音等为代表的新兴传播载体的崛起。

信息技术是影响图书馆服务创新的第一大要素。2019 年，信息传输、软件和信息技术服务业增长 18.7%，5G 商用稳步推进，大数据、云计算、人工智能等现代信息技术快速发展①，“十四五”时期，现代信息技术的发展将进一步加速。在这样的背景下，信息技术对图书馆服务创新的影响可能是多个方面的。总体来看，引进先进信息技术能够提高图书馆的服务质量和服务效率。具体来讲，信息技术对图书馆服务创新的影响分为三个层面：互联网环境下，信息的开放性使得图书馆加快开放理念的创新；人工智能技术的运用推动智慧图书馆的建设和发展；移动技术的发展与普及带来移动图书馆服务的创新。

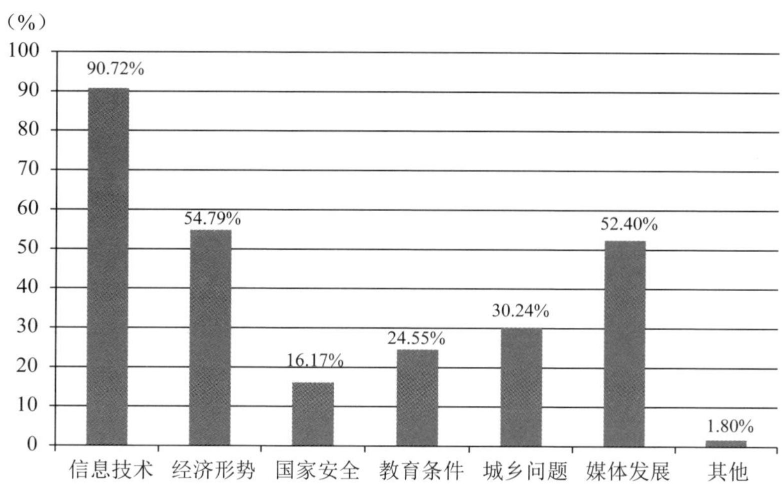

图 3-1　“十四五”期间可能直接影响我国图书馆服务创新的因素各选项占比

利好的经济形势是影响图书馆服务创新的第二大要素，能够为公共图书馆服务创新提供优良土壤。根据我国 2019 年国民经济和社会发展统计公报显示②，经济方面，我国国内生产总值稳居世界第二位，比上年增长6.1%，人均收入与高收入国家的差距进一步缩小，“全国居民恩格尔系数为 28.2%，比上

① 盛来运.稳中上台阶　进中增福祉——《2019年统计公报》评读［EB/OL］.［2020-03-23］.http://www.stats.gov.cn/tjsj/sjjd/202002/t20200228_1728918.html.

② 中华人民共和国2019年国民经济和社会发展统计公报［R/OL］.［2020-03-23］.http://www.stats.gov.cn/tjsj/zxfb/202002/t20200228_1728913.html.

年下降0.2个百分点”。文化消费潜能增大，文化事业和文化产业繁荣发展，全国共有博物馆3410个，文化馆3325个，“全国共有档案馆4136个，已开放各类档案14341万卷（件）”，“公共图书馆3189个，总流通87774万人次”，“出版各类报纸315亿份，各类期刊22亿册，图书102亿册（张），人均图书拥有量7.29册（张）”，能够为公共图书馆服务创新提供优良土壤。中国稳中向好的经济态势为图书馆创新服务提供了坚实的财政支持和稳定的经济环境。但也不能忽视，中国正在逐渐走出“高速度发展”时期，而转向“高质量发展”的新时代，尤其是世界疫情可能会使我国在这一轻型过程中的经济发展遭遇一定压力，公共财政收入缩减难以改变支出结构，因此对图书馆的投入也难言乐观。

媒体发展被认为是影响图书馆服务创新的第三大要素。这一影响与“信息技术”有一定关系，但其影响更多体现在阅读服务和内容建设的层面。“图书馆+互联网”是图书馆服务创新的重要领域。《2019中国互联网年度流量报告》[①]显示，2018年初开始，移动端互联网用户攀升趋势放缓，用户黏性仍呈现较大幅度的上升趋势。在新媒体不断发展的环境下，用户获取资源的方式不断发生变化，促使图书馆改进服务方式，扩大服务范围，加快图书馆微信公众平台建设等移动服务创新，但其中最大的影响，必然还是涉及图书馆根基的“阅读”领域。新时代阅读方式呈现出载体复合化、内容多样性、利用灵活性等特征，这些特征在“十四五”时期会更加明显，迫切需要学界、业界展开创新探索，应对挑战。

城乡问题是影响图书馆服务创新的第四大要素。从利好的角度来讲，“城乡区域协调发展成效明显。新型城镇化稳步推进”[②]，为基层公共图书馆服务开展奠定基础。但对于图书馆这一行业来讲，城乡问题更多是一个挑战——城市

① 艾瑞咨询.2019中国互联网年度流量报告[R/OL].[2020-03-23].http://report.iresearch.cn/report_pdf.aspx?id=3541.

② 盛来运：稳中上台阶 进中增福祉——《2019年统计公报》评读[EB/OL].[2020-03-23].http://www.stats.gov.cn/tjsj/sjjd/202002/t20200228_1728918.html.

与乡镇之间经济、文化发展及资源配置不平衡的状况要求推进总分馆制度和基层图书馆建设，平衡城乡资源，促进基本公共文化服务均等化。在经济社会高速发展、文化事业繁荣兴盛的环境下，公共图书馆更加发挥其弥合社会鸿沟的基本功能，为用户提供更高质量的新型服务，促进国家和民族的健康发展。

3.1.2 社会需求变化

与上一个议题相仿，课题组也从社会需求层面对影响图书馆服务创新的社会需求因素展开了调查，结果如图 3-2 所示，阅读需求（84.13%）、网络需求（77.25%）、文化教育需求（63.47%）和休闲娱乐需求（41.62%）的影响最为明显。

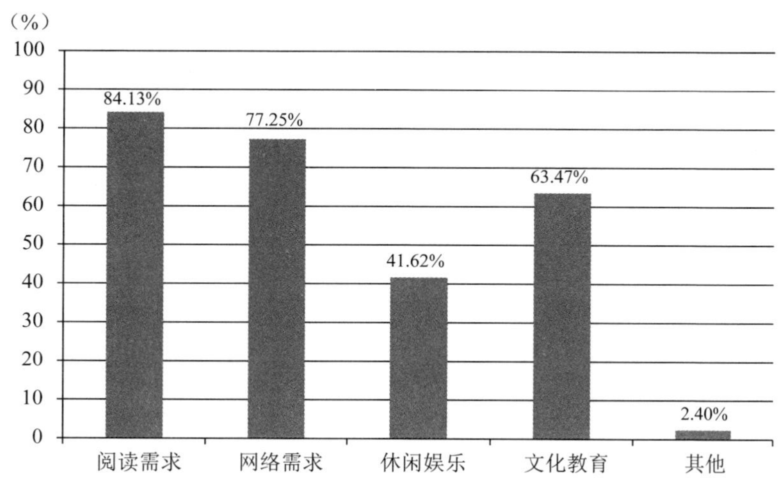

图 3-2 “十四五”期间可能影响我国图书馆的服务创新的用户需求各选项占比

在“十四五”时期，满足民众的阅读需求依然是公共图书馆事业最重要的职责，因此也是影响图书馆服务创新的首要因素。用户日益增长的阅读需求要求图书馆不断拓展服务形式，多途径为群众提供各类阅读资源，并促进图书馆阅读推广活动规模扩大化、形式多样化、发展个性化，推动基层图书馆服务模式创新。

网络需求在所有的需求中仍然占据第二位，这意味着，公共图书馆作为网络中心的重要性依然明显。但是，民众的网络需求不仅仅止于要求图书馆提供免费的互联网接入服务，更需要推进数字包容的理念创新，建立较为丰富的、与网络相关的培训业务体系和内容供给。

文化教育需求要求图书馆推进文化、教育联合创新服务，进行图博档（图书馆、博物馆、档案馆）数字资源的整合研究，加快公共文化服务体系建设，同时推动图书馆进行服务内容提质升级，加强面向不同群体的教育支持和知识服务。而休闲娱乐需求推动图书馆进行跨界合作、扩展服务形式，通过“图书馆 +”的创新形式，在各种休闲娱乐场景中满足群众的需求。有意思的是，某种程度上，娱乐性与教育性之间是存在一定的冲突的，这就要求通过创新战略，将图书馆打造为复合式、一体化的新型空间。

值得注意的是，以上的四种需求，一定程度上又可以在“阅读”这一议题里得到集中体现，这里以 2017、2018 年两年的全国国民阅读调查[①]作为分析对象。

首先，国民阅读需求较为旺盛，2017、2018 两年均有四成左右成年国民认为自己的阅读数量较少，对当地有关部门举办阅读活动的呼声不断升高，这是阅读需求的明确表现。

其次，数字化阅读的上升趋势不可忽略，这一阅读方式包括电脑阅读、手机阅读、电子阅读器阅读、平板阅读等。2017 年我国成年居民数字化阅读方式接触率为 73.0%，比 2016 年上升 4.8 个百分点，2018 年我国成年国民数字化阅读方式的接触率为 76.2%，较 2017 年上升了 3.2 个百分点（见图 3–3）。此外，有声阅读近几年成为国民阅读新增长点，不论 0—17 岁的未成年人还是 18 周岁及以上的成年人，从 2017 年到 2018 年，听书率都出现了增长（见图 3–4）。

① 魏玉山，徐升国．第十五次全国国民阅读调查主要发现［J］．出版发行研究，2018（5）：5–8；魏玉山，徐升国．第十六次全国国民阅读调查主要发现［J］．出版发行研究，2019（6）：33–36，23.

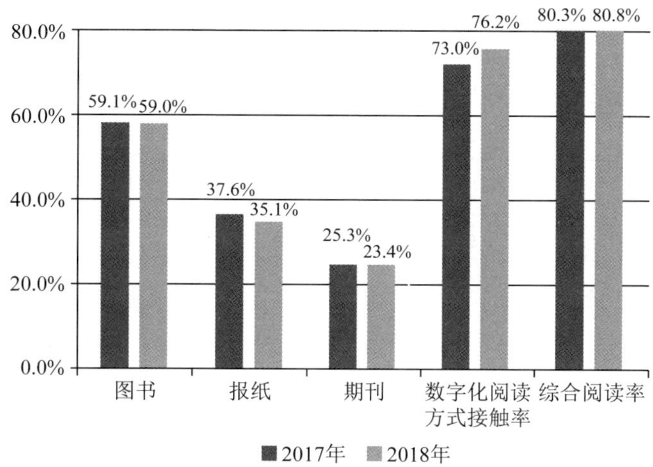

图 3-3 各媒介阅读率年度比较

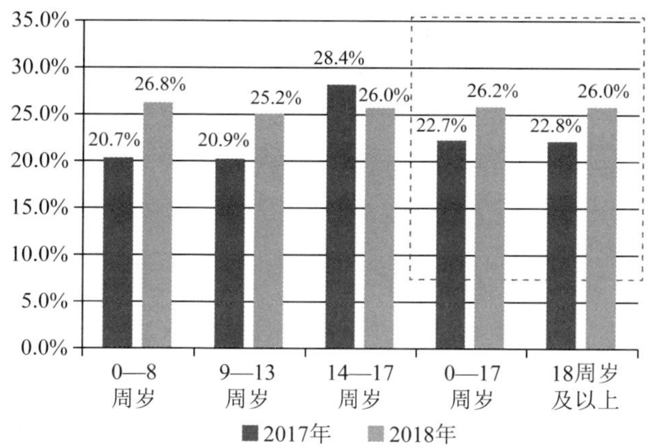

图 3-4 各年龄段听书率对比

再次，在文化教育方面。相关数据显示，我国城镇居民不同介质阅读率和阅读量均远高于农村居民，城乡差异明显，图书阅读率差距拉大。面对这种文化和教育的鸿沟，正如中国新闻出版研究院院长魏玉山[①]所言，公共图书馆既要为数字阅读提供更多的优质内容，也要为民众提供更多的纸质阅读资源。

最后，从休闲娱乐层面来看，2018 年以来，短视频等其他娱乐方式的冲

① 第16次全国国民阅读调查成果发布[EB/OL].[2020-03-23].https://baijiahao.baidu.com/s?id=1630947004611992475&wfr=spider&for=pc.

击导致移动阅读增长放缓[①]。第十六次全民阅读调查[②]特别指出，2018年，“我国成年国民网上活动行为中，以阅读新闻、社交和观看视频为主，娱乐化和碎片化特征明显”（见图 3–5）[③]；0—8 周岁儿童图书阅读率从 2017 年的 75.8% 下降到 2018 年的 68.0%，“未成年人图书阅读率有所下降”（见图 3–6）。与此同时，在亚马逊中国针对中国居民的调查报告中，2019 年有三成以上受访者希望通过阅读“远离手机、游戏、电视等的打扰，给自己带来片刻的宁静”[④]。

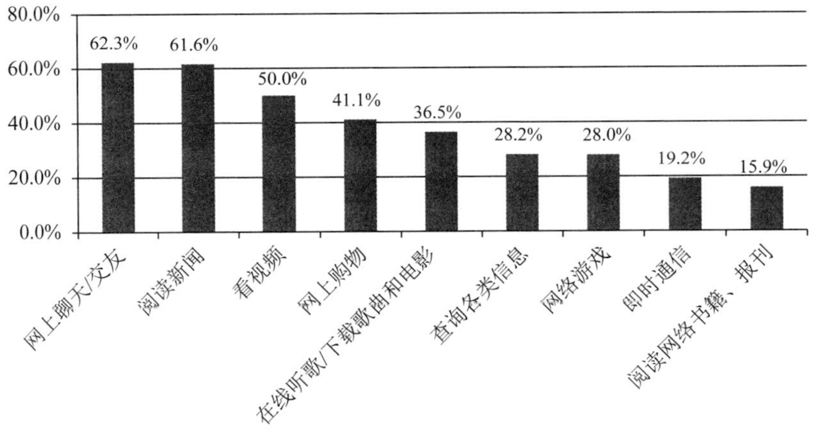

图 3–5　成年网民上网从事的活动

① 艾瑞咨询. 中国移动阅读发展趋势研究报告［R/OL］.［2020–03–22］.http://report.iresearch.cn/report_pdf.aspx?id=3518.

②③ 魏玉山，徐升国. 第十六次全国国民阅读调查主要发现［J］. 出版发行研究，2019（6）：33–36，23.

④ 中国日报网. 亚马逊中国发布 2019 全民阅读报告［EB/OL］.［2020–03–31］.https://baijiahao.baidu.com/s?id=1632658914469102655&wfr=spider&for=pc.

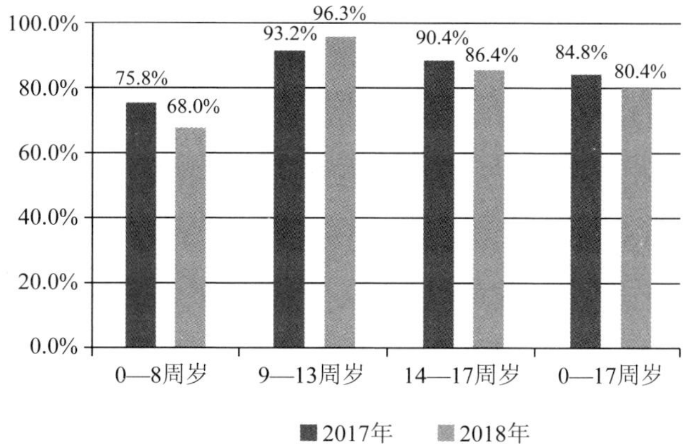

图 3-6　未成年人图书阅读率

3.2　国家和行业的政策环境分析

3.2.1　国家层面的创新政策环境

“十三五”期间，我国发布了百余条与创新相关的法律法规，涉及战略规划、机制创新、区域发展、产业创新等多个方面，具体名录可以参考附录 3。通过内容分析，我们将这些政策具体划分为以下五类：

第一类是战略层次，即对各行各业、全国各地都有明确指导意义的政策。例如 2016 年，中共中央、国务院印发《国家创新驱动发展战略纲要》[①]，将战略目标定为“创新环境更加优化。激励创新的政策法规更加健全，知识产权保护更加严格，形成崇尚创新创业、勇于创新创业、激励创新创业的价值导向和文化氛围”，“创新文化氛围浓厚，法治保障有力，全社会形成创新活力

① 国家创新驱动发展战略纲要［EB/OL］.［2020-02-28］.http://www.gov.cn/xinwen/2016-05/19/content_5074812.htm.

竞相进发、创新源泉不断涌流的生动局面”，“创新的制度环境、市场环境和文化环境更加优化，尊重知识、崇尚创新、保护产权、包容多元成为全社会的共同理念和价值导向”。在科技创新战略方面，我国发布《国务院关于印发“十三五”国家科技创新规划的通知》①，强调营造激励创新的社会文化氛围，即“营造崇尚创新的文化环境，加快科学精神和创新价值的传播塑造，动员全社会更好理解和投身科技创新。营造鼓励探索、宽容失败和尊重人才、尊重创造的氛围，加强科研诚信、科研道德、科研伦理建设和社会监督，培育尊重知识、崇尚创造、追求卓越的创新文化”。在信息化方面，中共中央办公厅、国务院办公厅印发《国家信息化发展战略纲要》②，提出“加强网络文化阵地建设……推进重点新闻网站体制机制创新”。此外，《国务院关于落实〈政府工作报告〉重点工作部门分工的意见》③将重点落在推进社会体制改革工作上，包括深入推进教育、文化和事业单位等改革。2017 年，中共中央办公厅、国务院办公厅印发了《国家“十三五”时期文化发展改革规划纲要》④，提出创新公共文化服务运行机制的同时，大力推动各级政府购买公共文化服务，鼓励社会组织和企业参与公共文化设施运营和产品服务供给，建立“按需制单、百姓点单”模式，明确由基层选定为主的公共文化服务项目，健全配送网络；推进数字图书馆、文化馆、博物馆建设；开发和提供适合老年人、未成年人、进城务工人员、残疾人等群体的基本公共文化产品和服务；完善公共文化考核评价，探索建立第三方评价机制。2017、2019、2020 年，国务院办公厅又

---

① 国务院关于印发“十三五”国家科技创新规划的通知［EB/OL］.［2020-02-28］.http://www.gov.cn/zhengce/content/2016-08/08/content_5098072.htm.

② 中共中央办公厅 国务院办公厅印发《国家信息化发展战略纲要》［EB/OL］.［2020-02-28］. http://www.gov.cn/xinwen/2016-07/27/content_5095336.htm.

③ 国务院关于落实《政府工作报告》重点工作部门分工的意见［EB/OL］.［2020-02-28］. http://www.gov.cn/zhengce/content/2017-03/28/content_5181530.htm.

④ 中共中央办公厅 国务院办公厅印发《国家“十三五”时期文化发展改革规划纲要》［EB/OL］.［2020-02-28］.http://www.gov.cn/zhengce/2017-05/07/content_5191604.htm.

相继三次发布推广支持创业相关改革举措的通知[①]。

第二类是针对政府本身职能以及针对相关创新体制机制进行调整的政策。例如，中共中央、国务院 2015 年发布的《中共中央　国务院关于深化体制机制改革加快实施创新驱动发展战略的若干意见》[②] 提出，通过“改进新技术新产品新商业模式的准入管理”并“改进互联网、金融、环保、医疗卫生、文化、教育等领域的监管，支持和鼓励新业态、新商业模式发展”，以营造激励创新的公平竞争环境。2017 年，中共中央办公厅、国务院办公厅印发的《关于创新政府配置资源方式的指导意见》[③] 也可归入此类。

第三类是与区域发展相关的创新政策，涉及各类开发区、示范区、试验区。例如，中共中央办公厅、国务院办公厅 2015 年发布的《关于在部分区域系统推进全面创新改革试验的总体方案》[④]，中共中央、国务院 2016 年发布的《中共中央　国务院关于全面振兴东北地区等老工业基地的若干意见》[⑤]，国务院 2018 年发布的《国务院关于支持自由贸易试验区深化改革创新若干措施的通知》[⑥]。2019 年，中共中央、国务院发布《中共中央　国务院关于支持河北雄安新区全面深化改革和扩大开放的指导意见》[⑦]，推进文化领域改革，鼓励创

---

① 国务院办公厅关于推广第二批支持创新相关改革举措的通知［EB/OL］.［2020-02-28］. http://www.gov.cn/zhengce/content/2019-01/08/content_5355837.htm；国务院办公厅关于推广支持创新相关改革举措的通知［EB/OL］.［2020-02-28］.http://www.gov.cn/zhengce/content/2017-09/14/content_5225091.htm；国务院办公厅关于推广第三批支持创新相关改革举措的通知［EB/OL］.［2020-02-28］.http://www.gov.cn/zhengce/content/2020-02/21/content_5481674.htm.

② 中共中央　国务院关于深化体制机制改革加快实施创新驱动发展战略的若干意见［EB/OL］.［2020-02-28］.http://www.gov.cn/xinwen/2015-03/23/content_2837629.htm.

③ 中共中央办公厅　国务院办公厅印发《关于创新政府配置资源方式的指导意见》［EB/OL］.［2020-02-28］.http://www.gov.cn/zhengce/2017-01/11/content_5159007.htm.

④ 中共中央办公厅　国务院办公厅印发《关于在部分区域系统推进全面创新改革试验的总体方案》［EB/OL］.［2020-02-28］.http://www.gov.cn/zhengce/2015-09/07/content_2926502.htm.

⑤ 中共中央　国务院关于全面振兴东北地区等老工业基地的若干意见［EB/OL］.［2020-02-28］.http://www.gov.cn/zhengce/2016-04/26/content_5068242.htm.

⑥ 国务院关于支持自由贸易试验区深化改革创新若干措施的通知［EB/OL］.［2020-02-28］.http://www.gov.cn/zhengce/content/2018-11/23/content_5342665.htm.

⑦ 中共中央　国务院关于支持河北雄安新区全面深化改革和扩大开放的指导意见［EB/OL］.［2020-02-28］.http://www.gov.cn/zhengce/2019-01/24/content_5360927.htm.

新，探索公共文化服务新模式，实行公共图书馆、文化馆总分馆制，建设公共文化服务“云平台”，实现农村、城市社区公共文化服务资源整合和互联互通。2019 年国务院还发布了《国务院关于推进国家级经济技术开发区创新提升打造改革开放新高地的意见》①。

第四类是直接为经济发展服务的创新政策，具体涉及创业、就业、消费、投资、平台等领域。例如 2015 年，我国出台《国务院办公厅关于发展众创空间推进大众创新创业的指导意见》②《国务院关于进一步做好新形势下就业创业工作的意见》③《国务院关于大力推进大众创业万众创新若干政策措施的意见》④等政策，发布《国务院关于推进国内贸易流通现代化建设法治化营商环境的意见》⑤，强调“推动文化培育传播形式创新。弘扬诚信文化，加强以诚信兴商为主的商业文化建设”，指出“加强对内贸流通领域传统技艺的保护，支持中华老字号创新发展，促进民族特色商品流通”。2015 年，国务院发布《国务院关于大力发展电子商务加快培育经济新动力的意见》⑥，强调民生服务创新，提出要“积极拓展信息消费新渠道，创新移动电子商务应用，支持面向城乡居民社区提供日常消费、家政服务、远程缴费、健康医疗等商业和综合服务的电子商务平台发展”，同时鼓励“加快推动传统媒体与新兴媒体深度融合，提升文化企业网络服务能力，支持文化产品电子商务平台发展，规范网络文化市场”。2019 年，国务院办公厅发布《国务院办公厅关于促进平台经济规

① 国务院关于推进国家级经济技术开发区创新提升打造改革开放新高地的意见［EB/OL］.［2020-02-28］.http://www.gov.cn/zhengce/content/2019-05/28/content_5395406.htm.

② 国务院办公厅关于发展众创空间推进大众创新创业的指导意见［EB/OL］.［2020-02-28］.http://www.gov.cn/zhengce/content/2015-03/11/content_9519.htm.

③ 国务院关于进一步做好新形势下就业创业工作的意见［EB/OL］.［2020-02-28］.http://www.gov.cn/zhengce/content/2015-05/01/content_9688.htm.

④ 国务院关于大力推进大众创业万众创新若干政策措施的意见［EB/OL］.［2020-02-28］.http://www.gov.cn/zhengce/content/2015-06/16/content_9855.htm.

⑤ 国务院关于推进国内贸易流通现代化建设法治化营商环境的意见［EB/OL］.［2020-02-28］.http://www.gov.cn/zhengce/content/2015-08/28/content_10124.htm.

⑥ 国务院关于大力发展电子商务加快培育经济新动力的意见［EB/OL］.［2020-02-28］.http://www.gov.cn/zhengce/content/2015-05/07/content_9707.htm.

范健康发展的指导意见》[①]，鼓励发展平台经济新业态，加快培育新的增长点，通过积极发展“互联网+服务业”，支持社会资本进入基于互联网的各新兴服务领域，改造提升教育医疗等网络基础设施，扩大优质服务供给，满足群众多层次多样化需求，同时鼓励平台“进一步拓展服务范围，加强品牌建设，提升服务品质，发展便民服务新业态，延伸产业链和带动扩大就业”，并且还鼓励商品交易市场“顺应平台经济发展新趋势、新要求，提升流通创新能力，促进产销更好衔接”。

第五类是面向不同产业的行业创新政策，包括农业、制造业、科技、金融、医疗卫生、交通、教育、电子商务、贸易、零售业等行业。其中，与科技相关的政策又可分为科学技术、科学研究、知识产权等相关政策，例如：国务院2015年发布《国务院关于促进云计算创新发展培育信息产业新业态的意见》[②]，2016年国务院办公厅印发《国务院办公厅关于印发促进科技成果转移转化行动方案的通知》[③]。2017年，国务院印发的《国务院办公厅关于印发“十三五”国家知识产权保护和运用规划的通知》[④]计划“发挥中央财政资金引导作用，建设全国知识产权运营公共服务平台，依托文化产权、知识产权等无形资产交易场所开展版权交易，审慎设立版权交易平台”。另外，2017年印发的《国务院办公厅关于积极推进供应链创新与应用的指导意见》[⑤]提出推动流通创新转型，即“应用供应链理念和技术，大力发展智慧商店、智慧商圈、智慧物流，提升流通供应链智能化水平。鼓励批发、零售、物流企业整

① 国务院办公厅关于促进平台经济规范健康发展的指导意见[EB/OL].[2020-02-28].http://www.gov.cn/zhengce/content/2019-08/08/content_5419761.htm.

② 国务院关于促进云计算创新发展培育信息产业新业态的意见[EB/OL].[2020-02-28].http://www.gov.cn/zhengce/content/2015-01/30/content_9440.htm.

③ 国务院办公厅关于印发促进科技成果转移转化行动方案的通知[EB/OL].[2020-02-28].http://www.gov.cn/zhengce/content/2016-05/09/content_5071536.htm.

④ 国务院关于印发“十三五”国家知识产权保护和运用规划的通知[EB/OL].[2020-02-28].http://www.gov.cn/zhengce/content/2017-01/13/content_5159483.htm.

⑤ 国务院办公厅关于积极推进供应链创新与应用的指导意见[EB/OL].[2020-02-28].http://www.gov.cn/zhengce/content/2017-10/13/content_5231524.htm.

合供应链资源，构建采购、分销、仓储、配送供应链协同平台。鼓励住宿、餐饮、养老、文化、体育、旅游等行业建设供应链综合服务和交易平台，完善供应链体系，提升服务供给质量和效率”。2018 年，中共中央办公厅、国务院办公厅印发《关于进一步加强科研诚信建设的若干意见》①，等等。

总的来看，国家在“十三五”规划期间发布的与创新相关的宏观政策、法律法规涉及经济生活的方方面面，其中，对创新创业、科技创新尤为重视。政府也积极推动自身职能转变，为创新建立健全体制机制，设立多个开发区先行实践，推动区域协调发展。

3.2.2 行业层面的创新政策环境

文化和旅游部对创新工作也给予了高度重视，近年来陆续出台了一系列相关政策、规划与指导意见，具体可参考附录 4。这些政策为我国文化领域的创新实践提供指导和支持，通过内容分析，这些政策具体可分为以下几类：

第一类是促进公共文化服务整体创新的政策。例如文化和旅游部每年发布的文化发展公报、《文化部“十三五”时期公共数字文化建设规划》等，鼓励创新服务方式、文化科技融合发展、社会资本参与文化建设等，对文化创新进行了宏观性的统筹和指导。《文化部“十三五”时期公共数字文化建设规划》②的基本原则之一就是“坚持科学管理、创新发展”，要求“围绕建设、管理和服务等关键环节，完善公共数字文化建设工作机制，创新服务模式，完善公共数字文化建设政策保障，优化配置各级各类公共数字文化资源，促进互联互通、共建共享，实现创新发展”。

第二类是针对公共文化服务机构创新的政策及发展规划。如《博物馆条

① 中共中央办公厅 国务院办公厅印发《关于进一步加强科研诚信建设的若干意见》[EB/OL].[2020-02-28].http://www.gov.cn/zhengce/2018-05/30/content_5294886.htm.

② 文化部印发《文化部“十三五”时期公共数字文化建设规划》[EB/OL].[2020-03-25].http://www.ce.cn/culture/gd/201708/01/t20170801_24725909.shtml.

例》[①]、《中华人民共和国公共文化服务保障法》[②]、《中华人民共和国公共图书馆法》[③]等，尽管这些文本中没有直接出现“创新”字眼，但从其具体的条款来看，有以下创新趋势：鼓励公共文化服务机构推进机制创新，建立健全法人治理机制、总分馆制度；推动机构创新服务方式，加快构建数字文化资源平台，将大数据、“互联网 +”等现代信息技术运用到文化、教育服务等领域，提升服务效能与用户满意度。

第三类为解决特定文化问题的专项政策，例如创新特殊群体服务或基层公共文化服务体系的政策。这一类政策包括《国务院办公厅关于推进基层综合性文化服务中心建设的指导意见》[④]及农村公共文化服务体系建设相关文件，针对基层存在资源、设施等不足的问题，提出要创新体制机制、运用现代技术、加强社会力量参与，并制定了一系列财政、人才支持措施。

第四类为推动我国文化产业创新升级的政策。例如《国家级旅游业改革创新先行区建设管理办法》[⑤]、《文化部“十三五”时期文化产业发展规划》[⑥]，促进高新科技在产业中的运用，挖掘文化资源，促进传统文化与创意产品结合，旨在推动文化产业创新发展。

2014 年至 2019 年，文化部（文化和旅游部）所发布的政策在内容和侧重点上随着实践发展而有所变化，反映了我国对于文化创新重点认识的更新，如文件中多次提及“互联网 + 文化”领域建设、文化服务融合大数据等高新

① 博物馆条例[EB/OL].[2020-03-25].https://www.gov.cn/zhengce/2015-03/02/content_2823823.htm.

② 中华人民共和国公共文化服务保障法[EB/OL].[2020-03-25].https://www.gov.cn/xinwen/2016-12/26/content_5152772.htm.

③ 中华人民共和国公共图书馆法[EB/OL].[2020-03-25].https://www.gov.cn/xinwen/2017-11/05/content_5237326.htm.

④ 国务院办公厅关于推进基层综合性文化服务中心建设的指导意见[EB/OL].[2020-03-25].http://www.gov.cn/zhengce/content/2015-10/20/content_10250.htm.

⑤ 《国家级旅游业改革创新先行区建设管理办法》印发[EB/OL].[2020-03-25].http://www.gov.cn/xinwen/2017-03/10/content_5176048.htm.

⑥ 文化部关于印发《文化部“十三五”时期文化产业发展规划》的通知[EB/OL].[2020-03-25].https://www.mct.gov.cn/whzx/ggtz/201704/t20170420_695671.htm.

技术的应用[①]，近年来也更加重视对文化资源数字化、设施信息化和资源共建共享的推进，在文化产业方面更加重视传统文化资源知识挖掘及数字文化产业的发展，促进供给侧结构性改革[②]。

3.2.3 图书馆服务创新的政策环境分析

图书馆服务创新的政策环境受到国家、行业两类创新政策的影响，从上文分析来看，一个基本的结论是：宏观政策环境为当前和未来一段时期图书馆事业的服务创新奠定了基础。

近年来，我国陆续发布了诸多与公共文化服务、图书馆事业相关的政策文件。从总体上看，这些政策主要是从公共文化服务体系建设和总分馆制建设入手，涉及法人治理体系的建立和社会参与等多方面内容。在这类政策中，中共中央办公厅、国务院办公厅印发的《关于加快构建现代公共文化服务体系的意见》[③]等宏观政策处于文本体系的中心位置，例如这一文件就提出以市图书馆、文化馆为中心馆，县（区）图书馆、文化馆为总馆，乡镇综合文化站（服务中心）为分馆，农家书屋、社区图书室为基层服务点，整理城乡资源，促进城乡均衡发展，同时推进公益性文化事业单位改革，建立完善图书馆法人治理结构，进一步发挥公共图书馆理事会功能，实际上都是以创新思路解决固有问题。

在国家和相关部门政策文件的指导下，不同地区也出台了一系列符合各地情况的实施文本，对创新的发展思路有所延续。而出台文本的地区在东部、

---

① 文化部办公厅关于开展2018年度国家文化创新工程项目申报工作的通知［EB/OL］.［2020-03-25］.http://zwgk.mct.gov.cn/zfxxgkml/kjjy/202012/t20201206_916770.html.

② 文化部关于印发《文化部“十三五”时期文化产业发展规划》的通知［EB/OL］.［2020-03-25］.https://www.mct.gov.cn/whzx/ggtz/201704/t20170420_695671.htm.

③ 中共中央办公厅、国务院办公厅印发《关于加快构建现代公共文化服务体系的意见》［EB/OL］.［2020-03-31］. http://www.gov.cn/xinwen/2015-01/14/content_2804250.htm.

中部、西部均有分布，响应情况较好。如北京市人民政府发布了《北京市人民政府关于进一步加强基层公共文化建设的意见》[①]，中山市人民政府发布了《中山市人民政府办公室关于印发中山市创建国家公共文化服务体系示范区规划（2018—2020年）的通知》[②]，黄冈市人民政府发布了《黄冈市人民政府办公室关于进一步推进公共文化服务社会化发展的实施意见》[③]以及《黄冈市创建国家公共文化服务体系示范区规划（2018—2020年）》[④]，中共哈尔滨市办公厅、哈尔滨市人民政府办公厅印发了《哈尔滨市关于加快构建现代公共文化服务体系的实施意见》[⑤]，中共克拉玛依市委、克拉玛依市人民政府印发了《加快构建克拉玛依市现代公共文化服务体系的意见》[⑥]，固原市人民政府办公室印发了《固原市创建国家公共文化服务体系示范区建设规划（2018—2020年）》[⑦]……各地响应国家号召，积极开展公共文化服务建设。而公共图书馆作为公共文化服务主体之一也受到关注，在这些文件中，推动创新、鼓励创新成为强化公共文化服务的一大举措，也为公共图书馆事业未来一段时期的

① 北京市人民政府关于进一步加强基层公共文化建设的意见［EB/OL］.［2020-02-25］. http://www.beijing.gov.cn/zhengce/zhengcefagui/201905/t20190522_58673.html.

② 中山市人民政府办公室关于印发中山市创建国家公共文化服务体系示范区规划（2018—2020年）的通知［EB/OL］.［2020-03-16］.http://zwgk.zs.gov.cn/wgxj/zwgk/view/index.action?did=5010&id=457137.

③ 黄冈市人民政府办公室关于进一步推进公共文化服务社会化发展的实施意见［EB/OL］.［2020-03-10］.http://www.hg.gov.cn/art/2019/12/5/art_13613_861570.html.

④ 黄冈市人民政府办公室关于印发黄冈市创建国家公共文化服务体系示范区规划（2018—2020年）的通知［EB/OL］.［2020-03-10］.http://www.hg.gov.cn/art/2018/6/20/art_13613_348328.html.

⑤ 中共哈尔滨市办公厅　哈尔滨市人民政府办公厅.中共哈尔滨市委办公厅　哈尔滨市人民政府办公厅印发《哈尔滨市关于加快构建现代公共文化服务体系的实施意见》的通知［EB/OL］.［2020-03-03］.http://www.harbin.gov.cn/art/2016/7/14/art_13792_2077.html.

⑥ 关于印发《加快构建克拉玛依市现代公共文化服务体系的意见》的通知［EB/OL］.［2020-03-04］.http://www.klmy.gov.cn/010/010002/010002019/20181226/cee199bb-13aa-401f-952a-15ecde050c5e.html.

⑦ 固原市人民政府办公室关于印发《固原市创建国家公共文化服务体系示范区建设规划（2018—2020年）》的通知［EB/OL］.［2020-03-10］.http://www.nxgy.gov.cn/zwgk/zfxxgkml/jgzn_35362/jgzn_35170/jgzn_35369/201808/t20180819_979576.html.

创新服务奠定了政策基础。

首先，政策环境积极引导图书馆管理体制和运行机制的创新建设。近年来国家高度重视“放管服”，强调通过机制创新激活企业、事业单位的主动意识。在这样的背景下，图书馆领域出现了以法人治理改革、社会力量参与等为代表的机制、体制创新趋势。例如在法人治理、理事会改革方面，《北京市人民政府关于进一步加强基层公共文化建设的意见》中提道：“高标准开展首都公共文化服务示范区创建工作，制定创建方案，全面提升各区县公共文化服务体系建设水平。以强化功能为重点，深化公益性文化事业单位改革，探索在基层公共图书馆、博物馆、美术馆、文化馆等建立现代法人治理结构，吸纳有关方面代表、专业人士和各界群众组建理事会，共同参与管理，健全决策、执行和监督机制。”《中山市创建国家公共文化服务体系示范区规划（2018—2020年）》[①]也提道：“在完成理事会组建的基础上，继续深化市图书馆、文化馆、博物馆等五个市级文化事业单位的法人治理结构改革，建立决策、执行和监督相互制约、相互促进的体制机制，进一步激发文化事业单位发展活力。”蚌埠市人民政府出台的《关于加快构建现代公共文化服务体系的实施方案》[②]提道：“推进公益性文化事业单位改革。建立事业单位法人治理结构，推动公共图书馆、博物馆、文化馆等组建理事会，吸纳有关方面代表、专业人士、各界群众参与管理，健全决策、执行和监督机制。”《哈尔滨市关于加快构建现代公共文化服务体系的实施意见》[③]中提道：“努力推动公益性文化事业单位改革创新。建立完善事业单位法人治理结构，落实公益性文化事

---

① 中山市人民政府办公室关于印发中山市创建国家公共文化服务体系示范区规划（2018—2020年）的通知［EB/OL］.［2020-03-16］. http://www.zsnews.cn/uploads/files/20200729/214cfa5d817044b936ae31d672e2c505.pdf.

② 蚌埠市人民政府.关于加快构建现代公共文化服务体系的实施方案［EB/OL］.［2020-03-10］.http://www.bengbu.gov.cn/public/21981/23377201.html.

③ 中共哈尔滨市委办公厅　哈尔滨市人民政府办公厅印发《哈尔滨市关于加快构建现代公共文化服务体系的实施意见》的通知［EB/OL］.［2020-03-03］http://www.harbin.gov.cn/art/2016/7/14/art_13792_2077.html.

业单位法人自主权，强化公共服务功能，发挥公共文化服务骨干作用。全面推进人事、收入分配、社会保障、经费保障等制度改革，增强发展活力。推动公共图书馆、文化馆、博物馆、纪念馆、科技馆等组建理事会，吸纳有关方面代表、专业人士、各界群众参与管理，健全决策、执行和监督机制。完善年度报告和信息披露、公众监督等基本制度，依法依规加强管理。”《毕节市关于加快构建现代公共文化服务体系的实施意见》[①] 提道：“推进公益性文化事业单位改革。加快推进图书馆、博物馆、文化馆、科技馆等公益性文化事业单位建立法人治理结构，吸纳有关方面代表、专业人士、各界群众参与管理，健全决策、执行和监督机制，全面提升服务能力和水平。完善通过媒体向社会和公众报告工作和披露信息制度，主动接受社会和公众监督。”

其次，国家近年来对创新理念的高度重视，促使创新成为一种社会共识，使得创新意识不仅深入到图书馆业务的方方面面，同时也让图书馆更容易实现跨域合作、激活社会资源。对此，各省市都有出台相应政策，以下挑选出较有共性、涵盖面较广或者是在某方面有突出表现的案例加以说明。一方面，创新的理念涉及图书馆服务的不同业务，如《九江市第三批国家公共文化服务体系示范区创建规划》[②] 就明确提出，希望通过创新促进图书馆平等服务，要求加快推进图书馆免费开放服务，通过设施创新、服务项目创新等保障残疾人、老年人、儿童等特殊群体的文化权益。另一方面，创新也深入渗透到流动文化服务、文化志愿者体系建设等多个方面。而得益于宏观政策对创新氛围的培育，图书馆与其他社会组织的合作也更加顺畅、便利。例如，现有的很多政策都鼓励图书馆与其他机构、场所的合作，如山西省《关于支持实

---

① 中共毕节市委办公室　毕节市人民政府办公室印发《毕节市关于加快构建现代公共文化服务体系的实施意见》的通知［EB/OL］.［2020-03-16］.http://www.bijie.gov.cn/bm/bjswhgdlyj/gk_5126893/xxgkml_5126903/bmwj_5126910/bmwj_5126911/201805/t20180502_5784160.html.

② 九江市文化广电新闻出版旅游局.九江市第三批国家公共文化服务体系示范区创建规划［EB/OL］.［2020-04-01］. http://wgxl.jiujiang.gov.cn/zwzx_216/ztzl/gjggwhsfqcj/zcwj/201605/t20160519_2980866.html.

体书店发展的实施意见》高度鼓励图书馆与实体书店合作运营[①]，《黄石市基本公共文化服务实施标准（2017—2020年）》[②] 提道："构建以市馆为总馆，县级馆为分馆，乡镇文化站为基层馆的服务网络体系，开展与企业、学校、机关等其他单位图书馆的馆际合作，推动资源有效整合和互联互通。"宁波市《关于进一步增强科技自主创新能力促进经济增长方式转变的意见》[③] 也提道："加快'一馆三中心'为主的科技创新公共平台建设。建设四位一体的市图书馆、研发园区图书馆、高校图书馆和各大中企业联合研究机构的数字图书馆，并实现与国家大型数据库网的联接合作共享。"

最后，宏观的政策环境积极鼓励新兴技术在图书馆中的创新应用。无论发达地区或相对落后地区，各地都十分重视数字化及数字图书馆的发展，这在东部、中部、西部省市出台的文件中均有提及。如《温州市创建国家公共文化服务体系示范区规划（2018—2020年）》[④] 提出结合科技创新以推进公共文化数字化和公共文化机构数字化建设；来宾市发布的《来宾市人民政府办公室关于印发来宾数字经济社会发展三年行动计划（2018—2020年）的通知》[⑤] 提及推进数字图书馆、博物馆等建设，推动各级公共文化设施互联互通和资源共建共享；《宝鸡市基层综合性文化服务中心建设实施方案》[⑥] 提道："推

① 山西省新闻出版广电局出版物发行管理处.关于支持实体书店发展的实施意见[EB/OL].[2020-04-01].http://www.changzhi.gov.cn/xxgkml/szfgzbm/swhj/gzdt_881/tzggs_883/201806/t20180629_1313157.shtml.

② 黄石市文化和旅游局.黄石市基本公共文化服务实施标准(2017—2020年)[EB/OL].[2020-03-02].http://hswhj.huangshi.gov.cn/zcfg/201805/t20180507_421100.html.

③ 宁波市人民政府关于进一步增强科技自主创新能力促进经济增长方式转变的意见[EB/OL].[2020-03-02].http://www.ningbo.gov.cn/art/2017/1/9/art_1229541028_59031075.html.

④ 温州市人民政府.印发《关于创建国家公共文化服务体系示范区的实施意见》《温州市创建国家公共文化服务体系示范区规划(2018—2020年)》的通知[EB/OL].[2020-04-01].http://wl.wenzhou.gov.cn/art/2018/9/28/art_1229134924_617620.html.

⑤ 来宾市人民政府办公室关于印发来宾数字经济社会发展三年行动计划(2018—2020年)的通知(来政办发〔2018〕86号)[EB/OL].[2020-03-31].http://www.laibin.gov.cn/xxgk/zfwj/t1434475.shtml.

⑥ 宝鸡市人民政府办公室关于印发宝鸡市基层综合性文化服务中心建设实施方案的通知[EB/OL].[2020-03-03].http://www.baoji.gov.cn/art/2016/10/9/art_287_5158.html.

动数字文化资源向基层延伸，提供数字图书馆、数字文化馆和数字博物馆等文化服务”；等等。

3.3　图书馆服务创新发展的机遇和挑战

3.3.1　图书馆服务创新发展的机遇

3.3.1.1　政策土壤

“十三五”期间，国家大力鼓励创新，为公共图书馆进行服务创新提供了优良的政策土壤。一方面，图书馆服务创新得到了国家政策的支持，如中共中央、国务院发布的《国家“十三五”时期文化发展改革规划纲要》鼓励推进文化体制创新、深化文化事业单位改革[①]；原文化部公共文化司发布的《“十三五”时期全国公共图书馆事业发展规划》[②]鼓励图书馆建立覆盖全社会的服务体系，进行管理体制和运行机制的创新。另一方面，地方上也出台了许多有利于创新的政策文件，如《来宾数字经济社会发展三年行动计划（2018—2020年）》[③]、《南充市“十三五”文化发展规划》[④]、《台州市公共图书

① 中共中央办公厅国务院办公厅印发《国家“十三五”时期文化发展改革规划纲要》[EB/OL].[2020-04-02].http://www.gov.cn/zhengce/2017-05/07/content_5191604.htm.

② 文化部关于印发《“十三五”时期全国公共图书馆事业发展规划》的通知[EB/OL].[2020-04-02]. http://www.gov.cn/xinwen/2017-07/07/content_5230578.htm.

③ 来宾数字经济社会发展三年行动计划（2018—2020年）[EB/OL].[2020-04-02].http://www.laibin.gov.cn/xxgk/zfwj/20190102-2392300.shtml.

④ 南充市人民政府办公室关于印发《南充市“十三五”文化发展规划》的通知[EB/OL].[2020-04-02].http://www.nanchong.gov.cn/news/show/cbca505d-a40a-40c2-b240-3563c6818acb.html.

馆总分馆制实施细则》[①] 等都从当地图书馆建设实际情况出发，提出了促进公共图书馆服务内容、体制机制和方式等多方面创新的条款，为图书馆服务创新工作提供了指导。

3.3.1.2　技术驱动

技术变革为图书馆服务创新提供了有力支持。大数据、云计算、人工智能等技术为图书馆的管理和服务创新提供了便利，例如在大数据的支持下，图书馆可以对用户数据进行挖掘，根据用户需求和倾向为用户提供更加智能化、个性化的服务，以提升服务质量，助推智慧图书馆的建设[②]。而对基于以上技术的云图书馆技术的研究，有利于推动数字图书馆总分馆体系的建设，加快促进各级图书馆资源共享和服务均等化、高效化[③]。在疫情期间，数字服务体系的效果和影响力越趋明显。移动技术的发展推动了图书馆服务方式的创新，促进了图书馆移动终端服务平台如官方微信公众平台、图书馆移动 APP 等的建设，适应了用户移动化、碎片化阅读的特点，有助于提高服务效率[④]。

3.3.1.3　经济发展

在经济稳步发展的背景下，公共文化的供给端和需求端同时发力，共同推动图书馆服务创新。

从供给端来说，经济社会发展带来了文化领域的繁荣。截至 2019 年，我国国内生产总值稳居世界第二位，文化事业和文化产业繁荣发展。为了改善公共文化发展不平衡不充分的现状，满足人民日益增长的美好生活需要，当

---

① 台州市公共图书馆总分馆制实施细则［EB/OL］.［2020-04-02］.http://www.zjtz.gov.cn/art/2019/10/9/art_32901_1577381.html.

② 张帆.大数据时代的图书馆服务研究［J］.中国管理信息化，2020（5）：186-187.

③ 韩祥荣.云图书馆在公共图书馆总分馆建设中的应用研究［J］.传媒论坛，2020（1）：110-111.

④ 李冰.移动互联网微技术在图书馆信息服务中的应用研究［J］.河南图书馆学刊，2019（11）：83-85.

经济发展到一定程度，为了进一步提升国民素养、突破社会经济瓶颈，加强对公共文化服务体系建设的投入可能会成为国家的一个重要选择。除此之外，整个社会的文化供给总量和质量也比以前有了较大幅度的提升，对于图书馆服务创新有很大的帮助。例如，“互联网 +”时代下，“图书馆 +”跨界服务模式逐步应用于实践，图书馆通过与实体书店的合作[①]、与咖啡室的结合[②]等服务方式的创新，有力拓宽了图书馆的服务产品序列。

从需求端来看，经济水平的提升带来旺盛的文化需求。近年来我国人均收入与高收入国家差距进一步缩小，全国居民恩格尔系数逐渐下降，从 2017 年开始跌破 30%，按照联合国“30% 以下为最富裕”的标准，中国人民生活水平已进入富足阶段，文化消费潜力巨大。《2019 上半年全国文化消费数据报告》显示：“文化消费成为国民消费升级的重要标志，文化消费作为满足人们对美好生活的向往、丰富游客深度体验的重要途径，持续为旅游经济健康发展提供新的动能。”[③] 人民群众对文化的巨大需求，呼吁图书馆创新服务方式，提供新的服务和产品。

3.3.1.4 图书馆国际化

随着改革开放的深入发展，中外交流日益增多，中国公共图书馆与国际图书馆事业发展开始交汇融合，在推动全球图书馆事业发展的同时也反哺本土，不断汲取外来经验以加强自身建设，丰富资源内容，改善服务条件。王世伟[④]指出，改革开放以来，国家图书馆、上海图书馆、首都图书馆、浙江图书馆、杭州图书馆、广州图书馆等公共图书馆均先后举办了“颇具规模的国

① 韩冰，杨晓菲. 公共图书馆与实体书店跨界合作模式比较研究［J］. 图书馆工作与研究，2017（4）：118-122.

② 王娟娟，吴跃伟. 我国咖啡图书馆的发展现状、存在问题及发展策略研究［J］. 图书馆学研究，2013（20）：18-22.

③ 《2019上半年全国文化消费数据报告》显示，文化消费持续为旅游健康发展提供新动能［EB/OL］.［2020-03-30］.https://www.mct.gov.cn/whzx/whyw/201908/t20190808_845592.htm.

④ 王世伟. 关于公共图书馆文旅深度融合的思考［J］. 图书馆，2019（2）：1-6.

际会议与学术论坛以及颇具影响力的各类文化主题展览”。全球化有利于国内公共图书馆学习和吸收世界各地优秀文化成果，促使图书馆的创新水平和创新能力得到进一步提升。

与此同时，我们还要特别注意到，中国正在走向世界舞台的中心。中国公共图书馆积极参加国际组织与国际会议，广泛开展国际交流与合作，中国—中东欧国家图书馆联盟馆长论坛等活动的举行，促使中国图书馆行业“在国家‘一带一路’发展战略中发挥了独特的文化桥梁和纽带功能”[①]。这种新的角色和地位，也将推动中国图书馆界引领和整合不同国家和地区的行业力量，以主角的形式推动世界图书馆事业创新发展。

3.3.2 图书馆服务创新发展的挑战

3.3.2.1 社会发展和经济增长的压力

中国经济已经高速发展了 40 年，而最近几年，我国经济增速开始持续下降，2015 年首次跌破 7%。随着中国经济体量的增大，增速趋于平稳。2019 年以来，我国经济增长总体平稳、稳中有进的态势持续，国家统计局新闻发言人付凌晖[②]就 2019 年 11 月国民经济运行情况指出：“当前国际环境还是比较复杂，经济运行当中还存在着下行压力。下阶段，还是要按照中央的部署进一步抓好‘六稳’工作，推动以创新驱动的发展，推动经济实现持续健康平稳发展。”

“十三五”时期图书馆事业发展是补足硬件的时期，以量为主，投入加大，但尚未能够真正全面满足各地区、各层次需要。我们需要慎重思考：“十四五”时期是否还能够保证同样力度，甚至更大力度的财政投入和支持?

① 王世伟.关于公共图书馆文旅深度融合的思考[J].图书馆,2019(2):1-6.

② 国家统计局新闻发言人就2019年11月份国民经济运行情况答记者问[EB/OL].[2020-04-05].http://www.stats.gov.cn/tjsj/sjjd/201912/t20191216_1717823.html.

一个不争的事实是，如果经济发展遭遇一定的压力，公共图书馆的经费可能会受到明显的影响。在投入可能不足的情况下，创新驱动尤为重要，这就要求图书馆的发展和创新不再是“粗放式”的，而是转向相对“精细化”的做法，从“高速度增长”转变为“高质量增长”。

3.3.2.2　迅速变化和分化的用户需求

随着经济社会的发展，人民群众的需求也在不断变化，这深刻影响着图书馆创新服务的方向。以近年来讨论最多的数字化需求为例，第十六次全国国民阅读调查[①]显示，“超过半数成年国民倾向于数字化阅读方式，倾向纸质阅读的读者比例下降，而倾向手机阅读的读者比例上升明显”“我国成年国民和未成年人有声阅读继续较快增长，成为国民阅读新的增长点，移动有声APP平台已经成为听书的主流选择”，与此同时，“我国成年国民网上活动行为中，以阅读新闻、社交和观看视频为主，娱乐化和碎片化特征明显，深度图书阅读行为的占比偏低”。尽管图书馆界一直重视数字化建设，但从用户的角度来讲，还没有完全养成利用图书馆进行数字阅读的习惯——“图书馆是纸质时代的产品”的旧观念依然深入人心。

与之类似的，5G时代将更加重视用户的个性化需求，在这样的技术体系下，用户需求的分化日益明显。亚马逊发布的“2019全民阅读报告”[②]指出，“个人内在需求成为大众阅读和购书的核心驱动力”，‘了解别人以及探索外面的世界’‘学习新东西新技能’和‘试图解决自身遇到的关于人生、情感等的问题’三大不同层次的个人内在需求分别位居阅读目的前三位”。这三个方面，事实上就指向了三种截然不同的场景、多种不同的用户需求。

面对不断变化的用户需求带来的挑战，图书馆服务创新要平衡数字化阅

---

① 中国新闻出版研究院全国国民阅读调查课题组.第十六次全国国民阅读调查主要发现[J].出版发行研究,2019(6):33-36,23.

② 亚马逊中国发布2019全民阅读报告[EB/OL].[2020-03-31].https://baijiahao.baidu.com/s?id=1632658914469102655&wfr=spider&for=pc.

读与传统纸质化阅读之间的矛盾，同时还要应对互联网环境下用户需求日趋娱乐化、碎片化的问题，提供大众喜闻乐见的优质服务，更好满足人民群众的精神需求。

3.3.2.3 图书馆人才队伍的专业性不足

创新的根本在于人才，然而，当前图书馆行业的人才队伍在专业性方面有明显不足、创新意识和创新能力受到限制。尤其在经济欠发达地区和中小型公共图书馆中，图书馆人才队伍缺乏专业理念，创新意识不足，这些因素限制了发展的可能性。

上述问题的原因是多方面的，包括图书馆对图书馆专业人才的重视不足、图书馆学教育的衰退等。例如，程焕文等人[①]指出图书馆学专业人才培养滞后于国家文化事业发展，“粗略统计，我国每年培养的图书馆学本科生和硕士生人数大约为 2200 人左右”，同时考虑到不少图书馆学毕业生热衷于政府部门、事业单位、学术机构和公司企业，就业去向并非全部是各类图书馆，“最后服务于图书馆的毕业生大体不足总数的 50%。相对我国现有的 3166 个县级以上公共图书馆和 2600 多个高校图书馆而言，这种图书馆学专业人才的培养数量远远不能满足图书馆事业的发展需要。”

① 程焕文，潘燕桃，张靖，等.新时代中国图书馆学教育的发展方向［J］.中国图书馆学报，2019（3）：14-24.

4 公共图书馆服务创新研究的理论进展

随着中国特色社会主义进入新时代，人民日益增长的美好生活需要对公共文化事业提出了更高的要求。公共图书馆作为社会公共文化服务机构，应不断更新服务理念，积极创新服务内容和服务方式，改革并完善服务体制机制，从而更好地保障公民的基本文化权益，满足人民日益增长的精神文化需求，推动新时期公共图书馆事业的健康可持续发展。

本章以“公共图书馆服务创新”为主题，使用中文数据库中国知网、万方以及外文数据库 Emerald、Taylor & Francis 等进行文献检索，并对吴建中、李国新、范并思等相关领域代表性人物进行作者发文检索，选取国内外核心期刊中与公共图书馆“服务创新”相关的百余篇文献进行研究，旨在总结相关研究现状与研究动态，分析公共图书馆服务创新实践发展趋势。经过研究与分析，本章首先对“公共图书馆服务创新”这一主题进行整体性回顾，又将公共图书馆“服务创新”细分为服务理念创新、服务内容创新、服务体制与机制创新、服务方式创新等四个分主题，进一步展开讨论。其中，服务理念创新涉及开放、共享、包容、共创和转型发展理念五个方面，服务内容创新包括基层图书馆功能再造、全民阅读、青少年服务、老年人服务、残障人士服务、专题与参考咨询服务、文献保护与文化传承七方面，服务体制与机制创新包括总分馆制、法人治理、社会力量参与、信息公开、基层建设五方面，服务方式创新包括跨界服务、移动服务、文化联合与文旅融合四方面。

4.1 公共图书馆服务创新研究概述

创新是马克思主义哲学的灵魂，在知识经济背景下，创新早已成为推动社会发展和时代进步的强大动力。图书馆是一个生长着的有机体，创新给图书馆带来了生机与活力，图书馆的创新发展也是其不断适应社会变化、提高自身影响力的核心思想。早在 1994 年，黄宗忠[①]就提出要创新图书馆管理。2001 年，付立宏[②]提出网络环境中图书馆的管理创新。随着现代公共图书馆事业的发展，在“服务为王”的时代，关注“服务创新”的目光越来越多。当前图书馆面临着一系列挑战，柯平[③]指出“创新是图书馆服务应对挑战的最重要的出路”。

对“服务创新”的认识和解构，是相关研究中的重要基础研究。在公共图书馆创新发展的进程中，多种因素相互作用，共同推动图书馆事业不断向前发展。吴敏[④]将公共图书馆服务创新的目标归纳为围绕用户的六个方面，分别为：个性化、方便快捷化、“一站式”、开展“分布式”参考咨询服务、建设方便用户利用的门户网站，以及“构建以用户为主导的图书馆服务质量评价机制”。在服务创新的内涵上，其分为观念意识创新、规章制度创新、管理机制创新、技术创新、人才创新和服务功能创新。杨琦和马志芳[⑤]的划分方法与之殊途同归，将服务创新分为“服务观念创新”“服务模式创新”“服务

① 黄宗忠.创新我国图书馆管理[J].图书与情报,1994(2):1-8.

② 付立宏.网络环境中图书馆的管理创新[J].图书情报工作,2001(3):77-81.

③ 柯平.当代图书馆服务的创新趋势[J].高校图书馆工作,2008(2):1-7,18.

④ 吴敏.公共图书馆创新的动因、目标和途径[J].甘肃社会科学,2006(3):250-252.

⑤ 杨琦,马志芳.试谈公共图书馆服务创新[J].图书馆理论与实践,2009(6):91-92.

机制创新”“服务环境创新”等四个方面，所谓“服务环境”是指“支持知识服务的技术机制”和以人力资源为基础的“智力保障机制”。无论是哪种划分方法，都可归纳为四类：创新的源泉——理念；保障创新——体制与机制；支撑创新——人才和技术；实施创新——服务方式和服务功能（抑或说服务内容）。然而，同样是作为服务创新的辅助，“人才”“技术”与“体制与机制”不同。图书馆能够依托创新体制与机制从根本上提升服务效能，而“技术创新”不属于图书馆范畴，“人才创新”更偏向于“管理层次”而非“服务层次”。因此，本文后续章节将服务创新归结为：服务理念创新、服务体制与机制创新、服务方式创新、服务内容创新。

在公共图书馆服务创新方面，学界主要着重对已有实践探索的回顾、梳理、总结和推广。张发亮和刘君杰[①]基于关键词分类编码与关联分析研究我国公共图书馆服务创新发展驱动因素及机理，发现先进技术推动服务升级，时代背景指引发展方向。事实上，随着时代的发展，“技术要素”作为公共图书馆创新发展的动力之一越来越受到重视，同时随着信息技术的发展，公共图书馆服务创新与互联网相结合为大势所趋，“移动服务”“互联网+”“云平台”等概念纷至沓来。其中，如何在“互联网+”背景下实现公共图书馆的现有服务创新，是不少学者所关注的焦点之一。一些学者认为公共图书馆应当重塑思维，推动“互联网+公共图书馆”的转型发展，通过培养创新人才、推动跨界融合来实现创新发展，例如董藹莹[②]等。此外，刘芳[③]从顶层设计的角度指出国家层面应当为“互联网+公共图书馆”的发展提供相应的政策保障与技术、资源支持，而马书琴、梁欣[④]则认为管理体制创新也至关重要，应积极推

① 张发亮，刘君杰．我国公共图书馆服务创新发展驱动因素及机理研究——基于关键词分类编码与关联分析［J］．图书馆，2019（12）：16-22.

② 董藹莹．大数据、互联网+和新硬件视角下的图书馆服务发展与创新［J］．图书馆理论与实践，2017（8）：93-96.

③ 刘芳．“互联网+公共图书馆”：服务创新与转型发展［J］．图书馆杂志，2016（8）：42-48.

④ 马书琴，梁欣．“互联网+”时代我国公共图书馆服务体系创新发展战略研究［J］．情报科学，2018（4）：138-143.

动“互联网 + 治理”在图书馆领域的应用，促进“政府主导、社会多元参加、建设主体互动”的公共图书馆民主决策进程的发展。

服务创新的实践路径是相关论著关注的另一个重要议题。杨灵芝①、王艳伟②等从用户需求出发，强调网络时代使得用户需求对图书馆服务的影响进一步扩大，公共图书馆应当面向用户需求来创新服务。有的学者则从其他角度分析创新的可能途径，例如陈燕方、周晓英③从服务理念、服务空间、服务模式三个方面进行分析，认为公共图书馆应当引入现代化理念并结合新型信息技术把公共图书馆建设成向各类群体提供文化服务的城市第三空间。

近年，文旅融合成为公共图书馆服务的发展方向之一，推进文旅融合发展成为图书馆服务创新研究的新增长点。双林平④与黄安妮、陈雅⑤分别对公共图书馆文旅融合发展的可能性与意义进行阐述，认可了社会合作与用户需求分析在文旅融合过程中的重要性。不同的是，双林平还对图书馆文旅融合发展的基层保障、专业化发展道路进行了论述，认为管理制度、文献资源、基础设施的建设不可或缺，而提升馆员素质、重视科技应用、走专业化发展道路是图书馆的竞争力所在⑥。

上文以“公共图书馆服务创新”为主题进行了一个总体性综述。但我们应该注意到，除了直接以“服务创新”为名的研究，还有大量的研究虽不以“服务创新”为题，却具有特别的创新内涵。基于此，我们进一步从理念、内容、机制、方式等四个方面有选择、有重点地展开研究回顾。

---

① 杨灵芝.泛在环境下图书馆服务创新研究［J］.情报科学，2012（3）：347-351，386.

② 王艳伟.Web3.0时代公共图书馆服务创新思考［J］.图书馆工作与研究，2019（S1）：93-96.

③ 陈燕方，周晓英.“互联网+”时代公共图书馆3.0的服务创新［J］.情报理论与实践，2017（2）：26-30，6.

④⑥ 双林平.公共图书馆文旅融合服务创新模式和发展路径研究［J］.图书馆工作与研究，2020（1）：20-28.

⑤ 黄安妮，陈雅.文旅融合下的公共图书馆服务创新路径［J］.图书馆，2020（2）：35-40，52.

4.2 服务理念创新

4.2.1 开放理念

21 世纪以来，开放理念成为国际图书馆界的核心理念之一，对我国图书馆行业产生了重要影响，而我国各类文化发展政策和规划的陆续颁布有力助推了国内图书馆行业的开放运动潮。国家文化发展规划纲要方面，“十一五”时期我国发布了《国家“十一五”时期文化发展规划纲要》，明确指出对于有条件的爱国主义教育基地和公共文化设施，倡导向社会免费开放①。《国家“十二五”时期文化改革发展规划纲要》要求进一步加强图书馆、文化馆等公共文化服务设施和爱国主义教育示范基地建设并完善向社会免费开放服务②。《国家“十三五”时期文化发展改革规划纲要》要求继续推动基层公共文化设施资源的共建共享与公共文化设施的免费开放③。图书馆事业发展规划方面，文化部《“十三五”时期全国公共图书馆事业发展规划》明确提出要提高服务效能，推进公共图书馆服务均等化建设，指出应当通过落实相关国家规章政策、完善监督评价机制以提升公共图书馆免费开放工作水平④。此外，从功能角度上看，开放服务也有利于公共图书馆打造“城市第三空间”，不断提高服

---

① 国家“十一五”时期文化发展规划纲要［EB/OL］.［2020-02-16］. http://culture.people.com.cn/GB/22226/71018/4814170.html.

② 国家“十二五”时期文化改革发展规划纲要［EB/OL］.［2020-02-16］. http://www.npopss-cn.gov.cn/GB/219468/17125699.html.

③ 国家“十三五”时期文化发展改革规划纲要［EB/OL］.［2020-02-16］. http://politics.people.com.cn/n1/2017/0508/c1001-29259304.html.

④ “十三五”时期全国公共图书馆事业发展规划［EB/OL］.［2020-02-16］. http://www.ce.cn/culture/gd/201707/26/t20170726_24489297.shtml.

务质量，推动图书馆体系的转型发展。国内对图书馆开放理念的研究涉及开放的背景、内涵、发展趋势几方面。

图书馆“开放”的背景是研究过程中首先要明确的内容，学者们认为这一背景主要包括社会背景与政策背景。图书馆开放是多方面背景因素综合作用的结果，王晓敏和李福坤①、李国新②等认为信息走向高度开放、信息产业飞速发展以及信息市场的开放均要求图书馆实现“开放”，而基本公共服务均等化的公民权益保障机制也要求图书馆实现开放，包括公共图书馆在内的公共文化设施的免费开放，是推进公共服务均等化的首要任务。

图书馆的“开放”内涵主要涉及馆藏开放、服务开放、空间开放三方面。馆藏开放是公共图书馆实现开放的第一步，有学者认为图书馆“开放性”的内涵应包括扩大馆藏范围以实现内容、形式、来源及布局的开放，此外还应改革传统服务方式和内容，向周边公众和社区开放，分别从线上和线下向社区提供馆藏利用服务③。服务开放是切实保障公民基本文化权益、促进基本公共服务均等化的前提，例如李国新提出图书馆服务的免费开放应当包括两方面，一是实现数字资源服务、自修室利用、配套管理服务等基本服务免费提供；二是文献复印、文献开发等非基本服务降低收费标准，不以营利为目的④。空间开放方面，主要包括信息共享空间和创客空间两方面。吴建中⑤、任树怀和孙桂春⑥等人认为，开放存取环境下，信息共享空间使图书馆成为信息交流的中心，对服务创新提出了更高的要求，开创“以读者为中心”的服务模式，更利于图书馆目标的实现。图书馆创客空间的发展顺应着我国“大众创业，万众创新”的时代潮流，有利于发展创新思维和实践动手能力，同时

---

①③ 王晓敏,李福坤.论图书馆的“开放性”[J].图书馆学研究,1998(3):29-30.

② 李国新.“十二五”时期公共图书馆事业的发展机遇[J].图书馆建设,2011(10):2-6,11.

④ 李国新.公共图书馆“免费开放”的内容、范围与边界[J].图书馆,2011(6):59-61.

⑤ 吴建中.开放存取环境下的信息共享空间[J].国家图书馆学刊,2005(3):7-10.

⑥ 任树怀,孙桂春.信息共享空间在美国大学图书馆的发展与启示[J].大学图书馆学报,2006(3):24-27,32.

促进知识转化和科技创新[①]。开放空间建设需要图书馆增强硬件配置和资源建设，也对馆员素质和评价体系建设提出了新的要求[②]。

顺应开放潮流、探索服务创新是公共图书馆在互联网环境下的生存之道。吴建中[③]、冯国权[④]等提出，公共图书馆应该分析互联网时代的特点，扩大公共图书馆开放的力度。开放是激励创新发展的动力，也是新时代图书馆发展的主基调，互联网思维具有平等、开放的特征，而这也是图书馆服务的基本理念。图书馆应当实现免费开放，科学整合馆藏资源、提升服务能力、扩大服务范围，利用新媒体技术保障社会各成员信息获取机会的平等。有学者分析互联网环境下开放阅读的特点，探讨图书馆的应对策略，例如张立功认为互联网环境下，开放阅读使得用户的阅读行为变得零散化、碎片化，这也使得图书馆的资源优势逐渐减弱，用户依赖度下降。图书馆要谋发展必然要顺应潮流，参与到开放运动中，适应新环境下用户的资源获取习惯，还应当实现服务能力提升以建立专业化知识体系、掌握开放运动主动权[⑤]。

关于图书馆在开放运动中的定位，吴建中[⑥]还提出了图书馆应该是开放的连接器，同时与读者、设置母体、社会建立紧密联系的观点。此外，他还论述了图书馆作为城市“第三空间”的定位，认为“场所”角度的图书馆应当重视其信息交流与共享功能的发挥[⑦]。也有学者认为，互联网环境中公共图书

---

① 王佑镁，陈赞安．从创新到创业：美国高校创客空间建设模式及启示［J］．中国电化教育，2016（8）：1-6.

② 任树怀．信息共享空间的规划与建设［J］．图书情报工作，2006（5）：122-124，143.

③ 吴建中．开放　交流　合作——国际图书馆发展大趋势［J］．中国图书馆学报，2013（3）：4-8.

④ 冯国权．互联网思维下图书馆服务变革探讨［J］．图书情报工作，2015（2）：25-30，16.

⑤ 张立功．开放阅读时代的图书馆角色定位和服务创新研究［J］．图书情报工作，2014（3）：58-63.

⑥ 吴建中．高质量社会发展背景下图书馆面临的新课题［J］．图书馆建设，2018（4）：31-34，52.

⑦ 吴建中．新常态　新指标　新方向（2012中国图书馆年会主旨报告）［J］．图书馆杂志，2012（12）：2-6，67.

馆仅仅提供开放服务似乎已经不足以满足社会需求，应利用好 Web 技术发展带来的技术便利建设图书馆服务新模式，推动参与式文化发展[①]。

4.2.2 共享理念

共享理念是我国新时期新发展理念的重要组成部分，是推动基本公共服务均等化、实现发展成果由人民共享、提高人民幸福生活指数的重要理念。《国家“十三五”时期文化发展改革规划纲要》[②]明确提出了牢固树立和贯彻落实创新、协调、绿色、开放、共享的新发展理念。文化发展改革必须坚持共享发展，要面向基层、服务群众，满足人民的精神文化需求。《“十三五”时期全国公共图书馆事业发展规划》[③]指出，要完善文献资源协调与共享机制，加强各级公共图书馆之间的资源共建共享。

公共图书馆信息资源共享联盟的建设，是共享理念在图书馆领域的充分体现。学者们通过分析我国公共图书馆共享联盟现有实践，认为馆馆相连的公共图书馆联盟对图书馆资源的协调统一、高效利用、优势互补产生了重要影响[④]。除了公共图书馆范围内的文献资源、信息共享联盟，还可以依托公共图书馆体系，以公共图书馆为主体，各类图书馆参与，建立起地方性乃至全

---

① CHUA A Y K，GOH D H. A study of Web2.0 applications in library websites［J］. Library & information science research，2010（3）：203-211；DEODATO J. The patron as producer：libraries，web2.0，and participatory culture［J］.Journal of documentation，2014（5）：735-758；GOSLING M，HARPER G，MCLEAN M. Public library2.0：Some Australian experiences［J］. The electronic library，2009（5）：846-855.

② 国家“十三五”时期文化发展改革规划纲要［EB/OL］.［2020-02-16］. http://politics.people.com.cn/n1/2017/0508/c1001-29259304.html.

③ “十三五”时期全国公共图书馆事业发展规划［EB/OL］.［2020-02-16］. http://www.ce.cn/culture/gd/201707/26/t20170726_24489297.shtml.

④ 王世伟.再论智慧图书馆［J］.图书馆杂志，2012（11）：2-7；严贝妮，王运.我国台湾地区公共图书馆数字视障资源服务的调查与思考［J］.图书情报知识，2015（4）：55-62；吴建华.综合型地方文献全文数据库的建设与服务模式研究——以湛江地方文献全文数据库建设为例［J］.图书馆杂志，2014（7）：63-68，107.

国性的综合性文献信息资源共享联盟。

图书馆参与社会闲置阅读资源的共享是提高图书资源利用效率、实现优质图书资源由人民共享的可行途径，这方面的研究主要关注图书资源社会共享的实现途径。李国朋①、倪劼②等学者探讨社会阅读资源的共享，试图改变图书馆主导的资源建设模式，通过图书馆服务创新满足社会阅读需求。研究同时关注图书馆所拥有的阅读资源以及家庭所拥有的阅读资源，认为家庭阅读资源也应当纳入社会阅读资源范畴，而且家庭阅读资源的社会共享是解决数量庞大的闲置资源浪费问题的重要出路。社区图书馆的建设与推广，是实现公共图书馆阅读资源共享，服务基层群众，为所在区域居民提供文献信息集散场所的基本方法。家庭阅读资源纳入社会阅读资源的范畴，促进读者主动提供闲置阅读资源，可有效解决资源闲置问题。

4.2.3 包容理念

党的十八大以来，“包容性发展”体现在全面建成小康社会、实现全体人民共同富裕的方方面面。致力于促进社会主义文化大发展大繁荣的图书馆事业发展也深受“包容”理念的影响。图书馆包容性的研究主要涉及社会包容性、数字包容性以及实现包容性的内外条件等方面。

图书馆社会包容性方面的研究主要关注图书馆对弱势群体的服务。促进社会包容是现代图书馆的新使命，关注弱势群体服务是图书馆实现包容性服务的重要任务。范并思③、李臻④等认为信息获取渠道的现代化、多样化给用户带来便利的同时也加剧了信息不平衡的现状，信息通信技术的应用抬高了弱

---

① 李国朋.社会阅读资源一体化共享模式研究［J］.图书馆理论与实践，2015(7):17-19，66.

② 倪劼.共享经济理念引入阅读推广探析［J］.图书馆建设，2017(11):74-78.

③ 范并思.构建中国图书馆核心价值体系之思考［J］.图书与情报，2015(3):50-55，140.

④ 李臻.数据排斥与公共图书馆促进社会包容研究［J］.图书馆，2019(12):23-29，53.

势群体使用图书馆的门槛而导致数据排斥。范并思认为，对弱势群体提供信息服务是图书馆的重要任务之一，促进社会包容，发展图书馆人文精神，缓解公共服务的社会歧视，是图书馆的重要使命。李臻则认为，图书馆应当降低用户创造和使用数据的门槛，关注特殊群体和弱势群体，打造去中心化的图书馆数字服务空间。同时，图书馆应当强化与社区的互动，向社区提供高效信息服务，帮助弱势群体加强其与社会的联系，促进社会包容。

公共图书馆数字包容性研究主要关注图书馆数字化均等服务能力的构建，实现数字包容是互联网时代的图书馆事业促进社会包容的重要途径。公共图书馆实现数字包容有两个层次：第一层，即在图书馆用户群体中进行数字扫盲，公共图书馆通过向社会提供免费网络接入服务和计算机技术技能培训，促进数字包容进而促进社会包容。在这个层次，数字扫盲的工作意义重大[①]。第二层是初步实现数字扫盲后，公共图书馆提高自身的数字化服务能力，满足社会对数字化资源的多样获取需求。王子寒和李宇佳[②]、艾伦・F.斯梅顿（Alan F. Smeaton）和杰米・卡兰（Jamie Callan）等[③]学者认为，在这一层面的研究中要关注图书馆向全体社会成员提供信息获取和数字服务的状况，提出数字图书馆应当开展多种形式的数字包容研究和活动，重视用户个体差异，向读者提供个性化服务，向弱势地区、弱势群体提供专有服务，推进数字包容进而实现社会包容，等等。

图书馆社会包容性的实现既需要图书馆不断优化自身服务，也需要政策支持。马春从社会包容的视角比较国内外公共图书馆社会包容性的运行指标、法律保障、服务环境和举措，认为国内公共图书馆应当梳理普遍包容的服务

① 闫慧，张鑫灿，殷宪斌.数字包容研究进展：内涵、影响因素与公共政策[J].图书与情报，2018(3):80-89.

② 王子寒，李宇佳.国外公共图书馆数字包容研究进展：基于数字包容社区框架视角的分析[J].情报科学，2018(1):172-177.

③ SMEATON A F，CALLAN J . Personalisation and recommender systems in digital libraries [J].International journal on digital libraries，2005(4):299-308.

理念以指导实践，关注不同群体需求构建多元化的馆藏资源结构，扩大服务覆盖面，提升用户友好度[①]。徐莉指出，公共图书馆服务中社会包容的对象应当是每个社会个体，同时也要考虑个体的特征和行为，而包容应当具有限度，不能无节制地进行人文关怀，不应超过公共图书馆所承担的社会职能，也不能损害他人的利益。她强调，国家应当为公共图书馆服务实现社会包容提供政策和法律保障，也应当提供教育支持[②]。

4.2.4 共创理念

推进大众创业和万众创新，形成社会“双创”局面，是国家“十三五”改革发展的重大策略。文化部《“十三五”时期全国公共图书馆事业发展规划》[③]明确提出了图书馆应该提高专业化服务能力的要求。通过整合图书馆等公共文化机构的资源，加强机构间互联互通，为社会公众创新创业提供文献支撑和信息服务。目前，图书馆共创理念的运用研究主要涉及跨界发展、创客空间两方面。

传统视域下的图书馆在资源和服务方面无法满足创新创业者精准信息需求，对于图书馆员的培育也不强调对前沿创新创业的支撑，专业咨询服务不尽完善[④]。因此，积极探索跨界融合共创发展新模式，是图书馆拓展创新创业服务的有效途径，是“双创”时代图书馆创新发展的重要突破口，顺应了用户需求和社会需求。有学者认为，图书馆应当与产业园区、科技孵化器等社会主体合作，转变服务理念，提升馆员服务能力，通过扩大信息服务面、为用户提供创新工具和成果展示平台，利用丰富的馆藏信息资源，为产业园、

① 马春.社会包容视域下的公共图书馆服务研究[J].图书情报工作,2016(24):58-62.

② 徐莉.我国公共图书馆服务中的社会包容问题研究[J].图书馆建设,2016(7):85-90.

③ “十三五”时期全国公共图书馆事业发展规划[EB/OL].[2020-02-16]. http://www.ce.cn/culture/gd/201707/26/t20170726_24489297.shtml.

④ 寇垠,刘宇初.图书馆拓展创新创业服务研究综述与展望[J].图书馆,2018(3):99-105.

科技园区建设提供支持[①]。

创客空间的建设和发展，是图书馆服务现代化转型的另一种积极实践。周卿和金红亚认为，创客服务是互联网时代图书馆服务转型的新方向，但狭义的内涵制约着创客服务的发展[②]。广义上来说，图书馆创客服务是社会整体创客服务生态的重要节点，图书馆应当积极开展与科技孵化器的跨界合作，缓解社会零散双创服务资源的孤岛困境，为科技孵化器输送优质创客团队[③]。肖玮则认为创客空间具有分享氛围，是一种协助的理念，有助于促进知识创新。图书馆服务现代化转型离不开创客空间，有条件的公共图书馆应当因馆制宜搭建活动场所，提供多样化设备，制定相关规章制度，积极寻求同界和跨界合作，保障创客空间的健康高效发展[④]。

4.2.5 转型发展理念

网络时代读者访问与获取信息资源方式的变化，改变了读者传统的阅读习惯，使得读者需求也更加多元化。图书馆作为一个“生长着的有机体”，在新的发展时期就要有新的使命和目标。顺应时代发展趋势、通过转型发展谋求创新以满足读者多元化的服务需求，是公共图书馆必然的发展趋势[⑤]。

公共图书馆的转型发展理念是服务理念创新的重要体现。文献调查显示，我国学者从 21 世纪初便开始关注公共图书馆的转型发展；2011 年，国际图

---

① 周卿，金红亚. 公共图书馆服务创新创业人群新模式探索［J］. 图书馆杂志，2018（5）：62-66，97；寇垠，刘宇初. 图书馆与科技孵化器创新创业服务融合研究［J］. 图书馆建设，2017（10）：16-20.

② 周卿，金红亚. 公共图书馆服务创新创业人群新模式探索［J］. 图书馆杂志，2018（5）：62-66，97.

③ 寇垠，罗倩倩，周莜夏. 图书馆创客服务内涵体系拓展研究［J］. 图书馆学研究，2018（7）：84-90.

④ 肖玮. 公共图书馆创客空间研究［J］. 图书馆，2016（6）：83-85.

⑤ 汤青. 新时代公共图书馆转型发展的思考——以厦门市图书馆为例［J］. 福建图书馆学刊，2019（4）：8-11.

联召开了以“图书馆的自我超越——整合、创新与信息服务”为主题的大会，有关公共图书馆转型的研究突增；2014年4月，美国图书馆协会（American Library Association，ALA）发起图书馆转型运动并成立了图书馆转型团队，强调了转型对图书馆的重要意义，提出主动创新是图书馆转型的核心[①]，由此，公共图书馆转型发展研究逐渐走进大众视野。

我国关于公共图书馆转型发展的研究主要可以分为图书馆转型的理论探索和具体策略分析两大类[②]。数字化和“互联网+”是公共图书馆转型发展的驱动力同时也是实现路径。如何实现图书馆与互联网的深度融合、提高图书馆数字化程度是图书馆转型研究的重要内容。例如汤青[③]就提出公共图书馆转型发展可通过加大数字化建设力度、构建创客空间、打造第三空间等方式实现。另外，也有学者将关注点聚焦于新的时代背景下基层图书馆的转型发展，探讨了其转型策略以及当前存在的问题。为更好地应对“互联网+”所带来的机遇和挑战，社区图书馆应推进智慧化服务体系转型，实现居民与社区、居民与社区公共服务、居民与智慧化服务的连接[④]。柯平和邹金汇[⑤]则将目光转向乡镇图书馆，以中心馆带动乡镇图书馆发展的总分馆模式由于受限于地方经济文化发展，总分馆模式下的乡镇图书馆发展存在一定瓶颈。基于上述结论，他们认为乡镇图书馆应从资源结构、发展目标和结构等方面着手，实现发展模式的转型。公共图书馆转型发展的驱动力也是当前国内研究的热点之一。技术驱动、需求驱动以及创新驱动是图书馆转型发展的三大驱动力[⑥]。转

① 柯平，邹金汇．后知识服务时代的图书馆转型［J］．中国图书馆学报，2019（1）：4-17.

② 章珞佳．国内图书馆转型发展研究综述［J］．知识管理论坛，2015（2）：14-18.

③ 汤青．新时代公共图书馆转型发展的思考——以厦门市图书馆为例［J］．福建图书馆学刊，2019（4）：8-11.

④ 张铭丽．“互联网+”时代社区图书馆转型策略研究［J］．文学教育（下），2018（12）：152-153.

⑤ 柯平，邹金汇．论乡镇图书馆的转型——突破总分馆模式的发展瓶颈［J］．图书馆工作与研究，2016（7）：5-12.

⑥ 柯平，邹金汇．后知识服务时代的图书馆转型［J］．中国图书馆学报，2019（1）：4-17.

型是图书馆发展的必然趋势，也是遵循社会发展规律的必然选择。新的信息环境下，社会对图书馆提出了新的要求，图书馆面临着时代的新挑战①。公共图书馆作为公益性的文化事业单位，应主动采纳新的发展理念，加快转型发展的步伐。

4.3 服务内容创新

4.3.1 基层图书馆功能再造

加快现代公共文化服务体系建设，繁荣群众文化艺术生活，满足最广大人民群众的文化需求，必须回到基层。《国家"十三五"时期文化发展改革规划纲要》要求推动基层公共文化设施资源共建共享，需要推动和发展以基层为主的公共文化服务项目，加强基层文化人才队伍建设②。《关于推进基层综合性文化服务中心建设的指导意见》要求整合各级各类面向基层的公共文化资源，公共图书馆基层服务点的服务下沉是其中的重要一环③。

基层图书馆服务能力的提升与创新离不开社会力量的参与。相关研究主要涉及社会力量参与的意义、作用、方法方式和发展方向。宁阳和王旭明④、

① 陈雅，何盼盼．转型时期图书馆事业行动愿景——"新时代新发展：服务·效能·法制"中国图书馆事业发展高层论坛综述［J］．新世纪图书馆，2019（1）：5-9，33.

② 国家"十三五"时期文化发展改革规划纲要［EB/OL］．［2020-02-16］．http://politics.people.com.cn/n1/2017/0508/c1001-29259304.html.

③ 关于推进基层综合性文化服务中心建设的指导意见［EB/OL］．［2020-02-16］．http://www.gov.cn/zhengce/content/2015-10/20/content_10250.htm.

④ 宁阳，王旭明．社会力量参与基层图书馆发展的研究与思考［J］．图书馆杂志，2019（1）：54-59.

于良芝和于斌斌[①]等学者探究了政府和社会力量对基层图书馆建设的参与，认为扎根基层民众，满足基层群众文化需求的基层图书馆是我国图书馆行业的重要组成部分，而政府和社会力量的参与是基层图书馆建设的必要之举。宁阳和王旭明从实践层面出发，以图书馆为主体视角，认为利用新媒体技术加强宣传引导、完善制度建设、创新志愿者管理机制等方法是促进社会力量参与基层图书馆建设的可行策略。于良芝等学者则从政策逻辑出发，认为乡镇图书馆应当纳入公共图书馆话语体系，解决基层图书馆"非公共图书馆化"的严峻问题，基层图书馆"公共图书馆化"与"非公共图书馆化"两种话语体系的矛盾，制约着其服务能力的发挥[②]。

基层图书馆的建设是推动文化服务均等化、实施文化精准扶贫的有力途径。基层图书馆在推动社会公共文化服务均等化的过程中发挥着重要的作用，而当把关注点放到文化扶贫方面时，基层图书馆仍有很长一段路需要走。有学者探讨基层图书馆服务于文化精准扶贫的可能性，认为文化精准扶贫是服务基层群众的基层图书馆的责任及使命，也是基层图书馆实现资源合理配置、推动基本公共服务均等化转型发展的需要[③]。但受相关政策和自身建设模式制约，目前乡镇图书馆存在文化扶贫方式偏向简单借阅的单一化、馆藏资源短缺的问题，还需要进一步释放创新政策的活力。唐璞妮和徐苑琳认为，乡镇图书馆应当整合、优化扶贫资源，精准识别并管理帮扶对象，实现文化扶贫，促进基本公共服务均等化[④]。

---

① 于良芝，于斌斌．关于我国基层图书馆的竞争性话语比较［J］．图书馆论坛，2011(6)：80-87.

② 于良芝，于斌斌．关于我国基层图书馆的竞争性话语比较［J］．图书馆论坛，2011(6)：80-87；于良芝，权昕．我国乡镇综合文化站对公共图书馆功能的替代性研究［J］．图书馆建设，2016(6)：4-11.

③ 侯雪婷，杨志萍，陆颖．基于SWOT分析的公共图书馆文化精准扶贫战略研究［J］．图书情报工作，2017(11)：29-36.

④ 唐璞妮，徐苑琳．乡镇图书馆文化精准扶贫研究［J］．图书馆工作与研究，2018(2)：11-15.

在基层图书馆建设过程中，基层图书馆的资金筹集方式与能力决定了其建设的水平，这或许为未来创新政策发展出路提供了一个突破口。彭雷霆等人运用实证分析方法对湖南省115个县的县域公共图书馆服务均等化水平进行测算，指出研究对象存在整体发展水平落后，受财政补贴非均等化影响大，区域间服务能力不均衡等问题，结论是应当构建多元化资金共建模式，运用多样化途径逐步实现服务均等化[①]。而基层专业化能力的提升则是另一个可能的突破口。李少鹏[②]、陈辉玲[③]探讨了基层图书馆"非专业化"所造成的社会问题，并分析基层图书馆专业化发展的可行路径。他们认为，将基层图书馆纳入专业化公共图书馆话语体系，明确政府的建设和管理主体责任，整合共享资源，解决其"非专业化"的问题，是基层图书馆促进"文化惠民"的必然之路。

4.3.2 全民阅读

2006年国家印发《关于开展全民阅读活动的倡议书》，预示着全民阅读已开始成为学习型社会建设的重要途径。此后，国家数次出台相关政策规划，直至2017年《全民阅读促进条例（征求意见稿）》公开并被纳入2018年立法工作计划，全民阅读实践逐渐向规范化发展。公共图书馆全民阅读服务的相关研究主要关注阅读推广服务、服务能力、服务标准化几方面。

公共图书馆阅读推广活动是全民阅读实践的关键着眼点，也是实践方式研究的关注点。范并思研究了公共图书馆阅读推广的发展趋势，认为国家及

---

① 彭雷霆，刘子琰．县域公共图书馆服务均等化实证研究——以湖南省115个县为对象[J]．图书馆，2019(9)：92-103，111．

② 李少鹏．街镇图书馆专业化改造探索——以广州图书馆示范分馆建设为例[J]．图书馆论坛，2015(3)：21-25．

③ 陈辉玲．政府主导乡镇图书馆专业化发展的公共政策分析——以河南信阳平桥区为例[J]．图书馆理论与实践，2015(5)：54-57．

社会对全民阅读和阅读问题的重视、图书馆行业学会和专业人士的引领、图书馆创新服务模式是阅读推广活动的产生背景，认为未来阅读推广的发展趋势将朝向活动日常化、地区差异缩小、部门边界消失、信息技术广泛普及的方向发展[①]。他认为阅读推广具有明显的服务特征，以图书馆营销和新型阅读服务为主的阅读推广活动具备创新性、具有生命力，是当前图书馆人面对社会阅读变化挑战的解决方案[②]。在另一篇文章中，他指出，这一创新服务仍需合理性审视，提升公众阅读意愿和阅读能力，促进文化娱乐和空间类服务联系阅读和学习才是合理的阅读推广活动[③]。

针对信息时代阅读数字化、网络化的特点，图书馆应当加强数字阅读服务能力。学者们认为，公共图书馆通过流动图书服务等方式，向基层和社会提供了便捷的阅读服务，然而在信息时代，图书馆只有加强数字化移动服务建设才能切实满足社会需求，例如陈陶平和董太安[④]、凯里·本斯特德（Kerry Benstead）等[⑤]都持有类似的观点。陈陶平和董太安认为，在全民阅读时代，公共图书馆应当在数字阅读和服务方面进行创新，整合零散的网络信息资源，建立多元化的数字阅读馆藏，并且为读者提供畅通的阅读渠道，实现“一站式”服务。

图书馆阅读推广服务的标准化是优化公共图书馆体系服务能力的重要途径。万行明和李博阳[⑥]、罗烈洲[⑦]等学者对我国图书馆阅读推广服务标准化建设

---

① 范并思.公共图书馆阅读推广的发展趋势[J].图书馆杂志,2015(4):11-15.

② 范并思.阅读推广的服务自觉[J].图书与情报,2016(6):72-76.

③ 范并思.图书馆阅读推广的合理性审视[J].图书情报工作,2017(23):34-39.

④ 陈陶平,董太安.全民阅读时代公共图书馆的服务创新[J].人民论坛,2012(35):170-171.

⑤ BENSTEAD K，SPACEY R，GOULDING A. Changing public library service delivery to rural communities in England[J].New library world,2004(11/12):400-409.

⑥ 万行明,李博阳.我国图书馆阅读推广服务标准化建设研究[J].图书馆论坛,2019(9):100-107.

⑦ 罗烈洲.全民阅读推广视角下的公共图书馆服务效能研究[J].图书馆学刊,2017(5):86-89.

进行探究，认为阅读推广的标准化对于提升公共图书馆服务效能有着重要影响。我国阅读推广标准化建设起步虽晚但标准高，阅读推广服务标准化建设有利于规范服务行为，针对不同目标群体提供对应服务，优化阅读推广活动构成，实现资源价值的最大化利用。

4.3.3 青少年服务

未成年人群体中的青少年群体在过去几年的服务内容创新研究中得到了较多重视。青少年是国家未来建设与发展的主力军。为青少年营造良好的成长环境、加强青少年知识和技能培训，是国家建设的重要内容。为青少年提供知识、技能获取和培训的环境，是拥有海量信息资源的公共图书馆服务于社会发展的重要方式。这一方面的研究主要涉及青少年服务内容、服务质量及服务目标。

青少年成长过程中容易面临各类心理问题，公共图书馆应当对青少年读者群体提供心理援助服务。殷洪①、李新娥②认为，公共图书馆开展青少年心理援助服务是其履行社会责任的必要途径。图书馆应当全面了解读者需求，主动将青少年心理援助服务延伸到学校、社区，通过组建志愿者团队提供心理咨询服务、举办相关活动等方式，满足青少年身心健康发展的需求。

公共图书馆青少年服务质量的探究，也是学者们关注的话题之一。李小燕③探讨了公共图书馆书目推荐服务，指出公共图书馆儿童书目推荐存在推荐方式单一且仅适用于有培养孩子阅读意识的家长，推荐内容层次浅，沟通渠道缺乏，认为应当增加与家长沟通的频率，关注青少年心理和思想变化，提

① 殷洪.青少年心理援助：基于社会责任的图书馆服务创新——以无锡市图书馆建设未成年人心理健康活动中心为例[J].图书情报工作，2010(17)：95-99.

② 李新娥.少年儿童图书馆开展未成年人服务的实践与探索——以丹东市少年儿童图书馆为例[J].图书馆工作与研究，2014(5)：101-103.

③ 李小燕.公共图书馆儿童书目推荐服务的创新[J].山西档案，2017(4)：135-136.

升书目质量，提高公共图书馆服务青少年的能力。刘婧等人[①]从青少年的视角分析公共图书馆智慧化资源的建设与服务模式，通过分析少儿图书馆与智慧图书馆服务研究现状，指出中学生读者群体图书资源欠缺等问题，并提出图书馆应制定标准规范，积极开展馆际联盟、馆社合作（图书馆与出版社），以丰富青少年感兴趣的图书资源，积极提供人性化、精准化、智慧化的服务以满足各类青少年的读书需求。

图书馆应当关注对青少年读者阅读能力、信息获取能力和创新意识的培养。互联网时代人们的阅读方式发生变革，图书馆应当努力拓展数字化阅读服务，关注青少年群体数字化阅读能力的培养[②]。有学者从青少年数字阅读的角度讨论图书馆的推广服务，指出青少年深受网络影响，碎片化手机阅读成为日常的现状，结合数字阅读对青少年的信息获取能力冲击状况，认为公共图书馆应该多渠道推广青少年阅读服务[③]。公共图书馆应当通过与青少年读者保持联系，举办适合青少年的阅读活动，保持和学校的合作，利用优质馆藏建设资源共享平台等方式增强青少年的数字阅读能力和信息获取能力。培养青少年读者的创新意识是公共图书馆服务创新的重要内容。例如深圳图书馆举办针对青少年的创客活动，融合 STEAM（科学、技术、工程、艺术和数学）教育，通过举办 3D 创意活动、人工智能、简易编程学习等活动，将创客教育活动与 STEAM 素养培育相结合，培养青少年的创新意识和创新能力，提高青少年的综合素质[④]。

---

① 刘婧，常李艳，潘雪莲．公共图书馆智慧化资源建设与服务模式研究——基于青少年用户视角［J］．图书馆，2019（11）：46-51.

② WALTER V A.Public library service to children and teens：A research agenda［J］. Library trends，2003（4）：571-589.

③ 陈丽冰．从青少年数字阅读探讨图书馆推广服务策略［J］．图书馆，2015（3）：93-96.

④ 谢守美，聂雯，赵文军．深圳图书馆创客空间运行模式研究［J］．图书情报工作，2018（16）：22-27.

4.3.4 老年人服务

随着社会老龄化进程的发展，我国高度关注老年人权益的保障。《国家“十三五”时期文化发展改革规划纲要》[①]提出在公共文化服务运行机制的创新过程中，要开发和提供适合老年人群体的公共文化产品和服务的要求。作为公共文化服务体系的重要成员，如何做好老年人服务成为公共图书馆服务创新的重要课题。这方面的研究主要涉及老年群体服务设施体系建设、线上服务能力提升两方面。

公共图书馆必须关注老年群体，为其信息获取提供便捷的设施渠道，完善服务体系规范，满足老年读者多样化的文化需求[②]。但相比旺盛的需求，新时代公共图书馆服务老年读者意识较为薄弱，相关服务设施欠缺，馆员服务技能与素养还有明显不足。随着社会老龄化进程的加快，图书馆应当转变服务方式，打造适合老年读者的阅读模式，设置符合老年人习惯的无障碍设施、阅读设施，同时关注老年人心理健康，提供并推广相应的心理援助服务[③]。学者们分析美国公共图书馆老年服务的案例后，发现美国公共图书馆老年服务制度体系日渐完善、服务指导资源丰富，但也存在着老年群体细分不够、城乡差距等问题[④]。相比之下，我国公共图书馆的老年服务建设更应当明确界定老年群体和老年服务范畴，积极参与老龄化应对行动，构筑有效的制度体系，充分了解社会需求，提供高效服务。

---

① 国家“十三五”时期文化发展改革规划纲要[EB/OL].[2020-02-16].http://politics.people.com.cn/n1/2017/0508/c1001-29259304.html.

② 伏菊英.老龄化社会背景下公共图书馆服务工作新思考[J].四川戏剧,2019(7):183-186;肖雪.国外图书馆协会老年服务指南的质性研究及对我国的启示[J].中国图书馆学报,2014(5):82-97.

③ DECKER E N. Baby Boomers and the United States public library system[J].Library Hi Tech,2010(4):605-616.

④ 肖雪,苗美娟.美国公共图书馆老年服务:历史与启示[J].中国图书馆学报,2019(1):95-109.

互联网时代，做好老年读者的线上服务是公共图书馆服务创新的重要环节，这方面研究主要涉及公共图书馆利用网络提供老年服务的必要性和途径。例如阮晓岚等人探讨公共图书馆利用微信平台进行老年读者服务，通过发放问卷、访谈和调研的方式进行实证研究，结论是公共图书馆微信服务应分析老年用户特征，精准导航相关阅读资源，满足老年读者个性化需求。此外，还应加强专业团队建设，广泛开展社会合作①。也有学者关注通过社交软件组建老年人图书馆俱乐部以促进老年群体对图书馆的使用，公共图书馆应当主动推动老年人图书馆俱乐部的建设，并且提供有效的在线信息协助以帮助俱乐部更好地利用图书馆服务②。

4.3.5　残障人士服务

保障残障人士等特殊群体的文化权益，为残障读者提供高效服务是公共图书馆实现服务均等化的必然要求。这方面的研究主要涉及无障碍阅读服务能力、无障碍创客服务两方面。

提供无障碍阅读服务是公共图书馆保障残障人士阅读权益的必要途径。一些学者运用实证调查方法探究公共图书馆残障人士服务能力，例如袁丽华选取我国 29 所省级图书馆进行网络调查、电话咨询等相关调研，调研发现各馆均有服务于视障群体的阅览室及盲用电脑、助视器等相关无障碍服务设施，且相关场所均设置在一楼等方便到达的楼层，少数图书馆还有为听障、肢障群体设置的服务设施，但各馆资源数量差距较大，结论是公共图书馆无障碍阅读服务应科学配置资源，加大特殊群体相关资源投入，鼓励社会参与，提高无障碍服务质量③。有的学者关注公共图书馆残障人士服务方式的创新，认

---

① 阮晓岚，阮晓东．公共图书馆利用微信平台开展老年读者阅读服务探讨［J］．图书馆工作与研究，2015（10）：87-90.

② KENDALL M. Public library services for older adults［J］. Library review，1996（1）：16-29.

③ 袁丽华．我国公共图书馆无障碍阅读服务研究［J］．图书馆学研究，2019（20）：72-81，85.

为运用现代信息技术改善残障人士阅读体验是公共图书馆向特殊群体提供服务的可行之路，例如蔡豪源认为公共图书馆可运用VR技术帮助视障群体熟悉馆内物理环境，使用AR技术为视障群体提供服务指引，提高其资源利用能力，通过AI技术的嵌入可以有效帮助视障群体使用电脑等阅读设备，改善阅读体验①。

在国外，帕特里克·蒂莫尼（Patrick Timony）②、瑞德·默勒（Rhett Moeller）③、塔拉·布雷迪（Tara Brady）④关注公共图书馆为残障人士提供创客服务的实践，强调创客服务很容易忽略作为用户的残疾人。这些学者从公共图书馆创客空间的建构模式出发，分析其对“残疾人创客”服务的匮乏，认为不论是创客空间设备制造商、创客活动组织者，还是普通参与者都应该为残疾人创客利用公共图书馆创客服务提供便利，尽最大能力满足这类特殊群体的创客空间利用需求。

4.3.6 专题与参考咨询服务

在公众阅读需求发生变化的新环境下，不少公共图书馆开始了新型的专题与参考咨询服务模式的建设，力图为社会提供系统化、集中化的专题信息，满足社会专业化的信息需求。此外，也有图书馆利用自身信息获取能力与信

① 蔡豪源.智慧图书馆驱动下的视障读者服务创新探究[J].国家图书馆学刊,2018(4):64-69.

② TIMONY P. Accessibility and the maker movement：a case study of the adaptive technology programat district of Columbia Public Library[G] // Accessibility for persons with disabilities and the inclusive future of libraries（Advances in librarianship，Vol. 40）.Bingley，U.K.：Emerald Group Publishing Limited，2015：51-58

③ MOELLER R，BASTIANSEN C，GATES L，et al. Universally accessible makerspace recommen-dation to the district of Columbia Public Library[G] // Accessibility for persons with disabilities and the inclusive future of libraries（Advances in librarianship，Vol. 40）.Bingley，U.K.：Emerald Group Publishing Limited，2015：33-50

④ BRADY T，SALAS C，NURIDDIN A，et al. Make ability：creating accessible makerspace events in a public library[J]. Public library quarterly，2014(4)：330-347.

息处理能力，为地方党政机关的政治决策、重大会议提供专题信息，履行公共图书馆的社会职责。

传统上，专题服务的建设是公共图书馆服务深化的体现，目的是通过对各类专题信息的整合提高用户利用效率。在新时期，专题化服务建设可能细化为专题资源、专题活动、专题平台建设等多方面，例如一些图书馆将分馆建设成特色专题图书馆，整合传统专题资源与多媒体专题资源，向各类专业人士提供信息与参考服务[①]。

数字参考咨询服务效能的提升是公共图书馆服务现代化建设的重要环节。宋莉萍和王毅[②]、袁红军[③]等人分析了美国公共图书馆参考咨询服务现状，为我国数字参考咨询服务能力的提升提供经验借鉴。公共图书馆以知识服务为中心，向用户提供咨询知识库、个性化信息传递等服务，是数字参考咨询服务建设的关键举措[④]。当前，我国数字化参考咨询服务建设依然存在地区发展不平衡的问题，而积极开展行业合作、建设共享平台是一个可行的解决策略，目前广东、上海、浙江、四川等多地都已经开展了联合参考咨询系统建设，有力提升了各自的数字化参考咨询服务能力[⑤]。

我国公共图书馆服务“两会”的实践自21世纪初已在多地展开，并随着时代的发展不断完善与创新服务内容与服务形式。服务“两会”有利于公共图书馆拓展服务范围、强化自身影响力、增强社会地位[⑥]，而会议信息分析、决策咨询服务、个性化信息搜集服务是公共图书馆服务地方“两会”实践中

---

① 信丹丹.公共图书馆专题化建设的思考——兼广深莞三所图书馆考察报告[J].图书馆，2014(6):130-132;林纯.公共图书馆服务深化：“专题图书馆”建设[J].图书馆论坛,2006(2):78-80.

②④ 宋莉萍,王毅.美国公共图书馆数字参考咨询延伸服务的启示[J].图书与情报,2011(2):40-43.

③ 袁红军.中美公共图书馆数字参考咨询服务比较分析[J].现代情报,2017(10):87-92.

⑤ 武琳,胡千乔,郭婵.我国省级公共图书馆数字参考咨询服务合作模式现状分析[J].图书馆杂志,2011(4):50-54.

⑥ 胡晓梅.面向“两会”的公共图书馆信息咨询服务研究[J].兰台世界,2011(18):58-59.

的关键[①]。为提高服务精准度与效率，有的学者认为公共图书馆应当搭建数字化服务平台以提供信息查询服务，灵活运用社交媒体提供个性化服务，开展专业知识服务并重视用户反馈[②]。

4.3.7 文献保护与文化传承

2017年，中共中央办公厅、国务院办公厅印发的《关于实施中华优秀传统文化传承发展工程的意见》指出，保护与传承文化遗产是中华优秀传统文化传承发展工程的重点任务[③]。随着“中华优秀传统文化传承发展工程”的实施，文献保护和文化传承越来越受到社会各界人士的广泛关注，公共图书馆作为公共文化机构的代表，所承担的文献保护和文化传承的使命和责任也日趋凸显[④]。

古籍保护和民族/地方文献保护是公共图书馆文献保护服务的重点内容。古籍文献的保护主要涉及技术和策略层面上的保护，缩微技术和文献影像技术在古籍保护中的应用已取得一定成果[⑤]。另外，加强少数民族语言文字和经典文献的保护和传播是保护和传承文化遗产的重要任务。例如学者何明翔[⑥]就针对地方文化的数字化保护和传承展开研究，结合成都图书馆地方文献数据

---

① 李月明.基于新型智库理念的公共图书馆决策咨询服务研究——以湖南图书馆工作实践为例[J].图书馆工作与研究,2018(6):91-94.

② 刘小花.面向政府决策的省级公共图书馆咨询服务模式研究——省级公共图书馆服务地方两会调查[J].图书馆建设,2013(4):69-72.

③ 中共中央办公厅 国务院办公厅印发《关于实施中华优秀传统文化传承发展工程的意见》[EB/OL].[2020-08-25].http://www.gov.cn/zhengce/2017-01/25/content_5163472.htm.

④ 钟劲松.文化传承视角下公共图书馆古籍保护问题与对策[J].图书馆学刊,2018(4):26-29.

⑤ 宋群.试论缩微技术在图书馆古籍保护中的重要作用[J].科技情报开发与经济,2013(10):25-26;曾少文.论图书馆古籍文献保护工作中文献影像技术的应用[J].四川图书馆学报,2008(4):27-30.

⑥ 何明翔.地方文化的数字化保护和传承研究——以成都图书馆地方文献数据库建设为例[J].传媒论坛,2019(5):137,139.

库的建设实践，阐述了地方文献数据库的建设对于公共图书馆文献保护工作的积极意义。除此之外，对民国时期文献的保护和利用是近十年来的研究热点之一，国内学者的研究主要围绕民国时期文献保护的专业人才队伍培养、技术创新等方面展开。如荣杰①在《国家图书馆藏民国文献调研与分析》一文中，针对国家图书馆应如何改善库房条件、优化流通政策、推进抢救性修复工作、加强人才队伍建设等方面进行了具体论述。

公共图书馆的文献保护与文化传承密切相关，无论是古籍文献、少数民族文献还是地方特色文献，都是中华民族宝贵的文化遗产。贺森林②在《公共图书馆传承优秀传统文化策略研究》中阐述了在传统文化传承和服务中公共图书馆所具备的资源优势。图书馆开展文献保护工作有助于公共图书馆扩充文献资源库，利用自身文献资源开展中华优秀传统文化教育，从而促进文化的传承③。

4.4 服务体制与机制创新

4.4.1 总分馆制

21世纪初，我国实行的公共图书馆管理体制是“在计划经济体制下长期条块分割所形成的市、县（区）两级，成人、少儿分设的传统分散管理体制”，这种分散的管理体制造成行政人员冗余、资源共享困难、馆舍布局不合

① 荣杰.国家图书馆藏民国文献调研与分析[J].国家图书馆学刊,2012(4):30-34.

② 贺森林.公共图书馆传承优秀传统文化策略研究[J].图书馆学刊,2017(3):5-9.

③ 钟劲松.文化传承视角下公共图书馆古籍保护问题与对策[J].图书馆学刊,2018(4):26-29.

理等弊端[①]。总分馆制就是为了突破现有的制度桎梏而提出的一种创新模式。

金武刚和李国新[②]梳理了我国公共图书馆总分馆的发展脉络，指出21世纪初图书馆服务的联合与合作催生出“总馆”“分馆”雏形。佛山市、深圳市对图书馆管理体制进行创新，开启了“总分馆制”先河，2005年之后图书馆学会积极组织探讨，普及“总分馆制”建设理念，国家文化发展规划纲要及相关标准奠定了“总分馆制”建设基础。邱冠华将21世纪以来的总分馆建设分为三个阶段：第一阶段（2000—2006年）以政府为主导开展总分管体系建设实践，努力解决通借通还、技术支撑、统一管理等问题；第二阶段（2007—2010年），国内公共图书馆总分馆建设进入实践探索与理论研究并重的阶段；第三阶段（2011年至今），示范区建设成为总分馆建设新动力，学术研究围绕总分馆可持续发展等深层次因素进行讨论[③]。

一些学者立足于总分馆建设模式的系统研究，提出对总分馆建设具有普遍意义和价值的理论，例如肖焕忠、于良芝、李国新等人。肖焕忠[④]对上海市中心图书馆模式、福田区总分馆模式、以首都图书馆为中心的公共图书馆信息服务网络、佛山市禅城区联合图书馆、东莞市的总分馆模式等我国现行的几种总分馆模式进行了比较；于良芝等人[⑤]总结了总分馆体系的模式，将其分为“自下而上全委托体系”“自下而上半委托体系”“自上而下全委托体系”“自上而下半委托体系”“完全总分馆体系”，还探讨了总分馆建设的法律

---

① 孔方恩.都市公共图书馆总、分馆建制模式初探［J］.图书馆工作与研究，2001（6）：9-11.

② 金武刚，李国新.中国公共图书馆总分馆制建设：起源、现状与未来趋势［J］.图书馆杂志，2014（5）：4-15.

③ 邱冠华.新世纪以来国内公共图书馆总分馆建设回顾与思考［J］.中国图书馆学报，2017（4）：18-31.

④ 肖焕忠.总分馆制发展模式比较研究［J］.图书情报知识，2007（3）：41-43.

⑤ 于良芝，邱冠华，许晓霞.走进普遍均等服务时代：近年来我国公共图书馆服务体系构建研究［J］.中国图书馆学报，2008（3）：31-40.

保障、法定建设主体及相关问题[①]；李国新[②]指出，体制障碍是总分馆建设中的最大障碍；梁欣[③]探讨了总分馆体系建设中的建设主体、管理主体、管理机制以及管理体制、人员、经费、设置要求、建设标准等细节问题；蒋勇福与张世颖[④]提出，我国公共图书馆建设主体设置及其总分馆服务体系构建的“4-4模式”。

从总分馆的角度关注并推动偏远地区基层图书馆建设实践，是实现基本公共服务均等化的重要途径。现有的学术讨论主要将总分馆建设作为均等化服务的实现方法，例如金武刚[⑤]讨论了县域公共图书馆总分馆体系的实现；李国新[⑥]提出“以构建县域图书馆文化馆总分馆制为突破口，健全乡村公共文化服务体系”。除了这些普遍的观点和讨论，其他一些对总分馆制的看法同样值得关注。邱冠华[⑦]将总分馆制建设视为现今公共图书馆服务体系提升服务效能的当务之急；肖鹏和陈润好[⑧]将总分馆建设视为中国图书馆联盟的路径之一；吴静等人[⑨]针对公共图书馆建设中存在的问题，认为总分馆体系在新形势下应当在“推进数字化服务”和“加强图书馆与读者的联系”等方面发挥作用。

---

① 于良芝，陆秀萍，刘亚.公共图书馆总分馆建设的法律保障：法定建设主体及相关问题[J].图书情报工作，2008(7):6-11，31.

② 李国新.“总分馆”建设的最大障碍是体制障碍——《覆盖全社会的公共图书馆服务体系：模式、技术支撑与方案》读后[J].图书馆建设，2008(9):1-3.

③ 梁欣.我国公共图书馆服务体系建设：治理模式研究[J].中国图书馆学报，2009(6):17-24.

④ 蒋永福，张世颖.我国公共图书馆建设主体设置及总分馆服务体系构建方案研究——“4-4模式”构想[J].国家图书馆学刊，2010(4):26-30.

⑤ 金武刚.论县域公共图书馆总分馆制的构建与实现[J].中国图书馆学报，2015(3):42-57.

⑥ 李国新.关于加强农村公共文化服务建设的思考[J].中国图书馆学报，2019(4):4-11.

⑦ 邱冠华.公共图书馆提升服务效能的途径[J].中国图书馆学报，2015(4):14-24.

⑧ 肖鹏，陈润好.从资源共同体到命运共同体：中国图书馆联盟的四种建设路径及其未来趋势[J].图书馆建设，2018(12):31-36.

⑨ 吴静，付丽丽，吴芹.探究新形势下公共图书馆总分馆服务体系建设[J].文化创新比较研究，2019(12):161-162.

随着业界的不断探索与学界的百花齐放，总分馆制建设的规律和特征逐渐被摸清。一方面，随着总分馆制的优越性在实践中得到彰显，越来越多的公共图书馆加入总分馆体系的探索之中；另一方面，总分馆体系建设不断得到创新和完善，24 小时自助图书馆、流动书车等新的服务方式融入总分馆体系建设中。

4.4.2 法人治理

法人治理制度最早被称为“图书馆治理”。“治理”作为图书馆管理机制的一种，逐渐取代了“统治”机制，这种转变是“新公共管理运动的客观要求和图书馆事业发展的必然趋势”。黄颖与徐引篪[①]对“图书馆治理”的概念和含义进行了讨论界定，阮胜利[②]则探究了图书馆治理及其机制的概念内涵。

2004 年，徐引篪团队[③]对美国图书馆法人治理制度进行了介绍，将“法人治理”这一概念引入国内。法人治理结构包括理事会、管理执行机构和民主监督。2008 年，蒋永福[④]围绕图书馆治理的概念、治理单元、建设主体、目标与原则进行阐述；肖容梅[⑤]对法人治理结构进行初步探索，提出法人治理结构框架和建立程序。

实践层面，事业单位的法人治理结构尝试从 2007 年开始起步，到 2013 年底，以组建理事会为标志，已建立起法人治理结构基本框架的公共图书馆有无锡市图书馆、深圳市图书馆等[⑥]。2014 年，李国新深入探讨了公共图书馆

① 黄颖.从“统治”到“治理”:管理图书馆范式的演变[J].大学图书馆学报,2003(6):7-10;黄颖,徐引篪.图书馆治理:概念及其涵义[J].中国图书馆学报,2004(1):24-26.

② 阮胜利.探究图书馆治理及其机制的概念与内涵[J].图书情报工作,2007(3):33-36.

③ 徐引篪,盛小平,黄颖.美国图书馆理事会及其启示[J].四川图书馆学报,2004(3):2-7.

④ 蒋永福.论图书馆治理[J].图书馆论坛,2008(6):50-55.

⑤ 肖容梅.公共图书馆法人治理结构初探[J].深图通讯,2008(2):10-14.

⑥ 肖容梅.我国公共图书馆法人治理结构建设现状与分析[J].国家图书馆学刊,2014(3):22-28.

法人治理结构试点中出现的问题，包括“理事会职能”“理事会任命管理层负责人”“理事会决策单位预决算”“政府代表参加理事会”“外部理事占多数”“理事会决策支撑体系建设”“管理运营‘章程化’”“落实法人地位”[①]。在诸多实践中，深圳市的法人治理结构实践受到了较多关注。深圳市图书馆早在2007年就开始了试点工作，其理事会在2010年正式成立之前已实际运行三年，是最早开始试点工作的公共图书馆之一[②]。十八届三中全会引发了一波对于图书馆法人治理、理事会制度的关注。为落实十八届三中全会精神，福田区图书馆于2014年筹建理事会，“在全国率先对公共图书馆服务体系理事会制度进行了大胆尝试和有益探索”[③]。

随着试点工作的进行，一些学者探讨了新时代新政策对公共图书馆法人治理制度可能产生的影响，例如金武刚[④]和李阳[⑤]关注到《中华人民共和国公共图书馆法》对法人治理结构的相关阐述。但总的来说，我国公共图书馆法人治理制度仍处于初级发展阶段，实践上仍处于试点阶段，学术研究上在经过基本理论探索后，目前仍以总结现状的案例研究为主[⑥]。此外，我国学者还高度关注国外图书馆的理事会制度，主要涉及大英图书馆、美国俄亥俄州图书馆、纽约公共图书馆、新加坡国家图书馆管理局等。

---

① 李国新.公共图书馆法人法理:结构·现状·问题·前瞻[J].图书与情报,2014(2):1-6,9.

② 肖容梅.深圳图书馆理事会运行实践[J].图书与情报,2014(2):7-9.

③ 肖容梅.公共图书馆服务体系的理事会制度创新——深圳市福田区公共图书馆理事会制度探析[J].图书馆建设,2015(2):8-12.

④ 金武刚.全面构建现代公共图书馆制度——关于《中华人民共和国公共图书馆法》的学习与研究[J].图书与情报,2018(1):49-62.

⑤ 李阳.《公共图书馆法》中法人治理结构的规范与思考[J].图书馆学刊,2018(10):5-8,22.

⑥ 冯佳,王珊珊.我国公共图书馆法人治理结构的试点实践研究[J].中国图书馆学报,2018(4):40-53.

4.4.3 社会力量参与

早在 1992 年，我国就有学者关注到社会力量对图书馆事业的重要意义，米旭光[①]提出读者参与是“读者及社会力量对图书馆的工作开展和事业建设的监督指导与协助”。2000 年，方允璋[②]的一篇文章引发了较多的关注，她提出“读书委员会”“志愿者”等社会力量参与图书馆工作的形式。2012 年，牛红艳[③]再次探讨社会力量如何参与公共图书馆建设。2016 年，《国民经济和社会发展第十三个五年规划纲要》提出“鼓励社会力量参与公共文化服务”[④]。

鉴于国外公共图书馆“官办民助”的特色，社会捐赠往往是社会力量参与公共图书馆建设的主要方式之一。我国公共图书馆虽然属于事业单位，但面对“公办公助”模式下农村图书馆发展不均衡的问题，寻求政府组织的资助对农村图书馆建设有重要意义。黄国彬和邸弘阳[⑤]还关注到社会捐赠的一种新形式，即首先在国外兴起的公共图书馆众筹项目。

当前，社会力量参与公共图书馆建设的形式包括：通过图书馆举办的互动活动参与、图书馆的志愿者制度参与、捐书荐购参与、图书馆的民调参与等。例如，社会机构通常以与图书馆合作举办活动或合作项目的形式参与到图书馆建设中。私营企业参与图书馆建设则多以图书馆业务外包的形式实现，肖希明和完颜邓邓[⑥]就提到我国公共数字资源建设中资源数字化加工外包、网站系统建设、服务宣传推广等业务与社会力量的合作。在社会力量参与图书馆建设的具体内容中，引起较多关注的是社会参与数字资源建设、自助图书

① 米旭光. 积极争取读者及社会参与图书馆[J]. 河南图书馆学刊, 1992(3): 36-37.

② 方允璋. 试论社会对图书馆工作的支持与参与[J]. 图书馆论坛, 2000(4): 7-10.

③ 牛红艳. 社会力量参与公共图书馆建设探讨[J]. 图书情报工作, 2012(9): 75-78.

④ 国民经济和社会发展第十三个五年规划纲要 2016—2020 年[EB/OL]. [2020-02-16]. http://www.12371.cn/special/sswgh/wen/#16.

⑤ 黄国彬, 邸弘阳. 图书馆应用众筹的特点与策略[J]. 图书情报工作, 2016(20): 59-69.

⑥ 肖希明, 完颜邓邓. 治理理论与公共数字文化服务的社会参与[J]. 图书馆论坛, 2016(7): 18-23.

馆建设、农村图书馆建设、少年儿童阅读推广。此外，陈德芳[①]还关注到在跨系统跨区域图书馆联盟建设中社会支持的作用，提出在政府引导下，“社区和有关专业人士参与联盟的管理和监督，积极发挥行业协会、专业学会、基金会等各类社会组织在联盟公共治理中的作用”。

4.4.4 信息公开

信息公开是保障公民知情权的必要举措。公共图书馆进行信息公开体现的是以用户为核心的服务理念，信息公开构建起图书馆与公众对话的桥梁，增进公众对图书馆的了解，是提高服务效能，改善社会认知，接受社会监督的必要途径。方家忠[②]将信息公开作为城市图书馆提升服务效能的前提性策略。

公共图书馆进行信息公开有两个主体，即政府和图书馆。政府应该公开公共文化服务信息，在新闻媒体中积极开展相关宣传报道，在政府网站上添加公共图书馆的名称、馆址、联系方式、主要服务内容等信息；图书馆自身也要通过新旧媒体向社会公布图书馆的服务内容、开放时间、借阅规则、馆藏信息等。

随着现代公共图书馆的发展，信息公开制度作为公共文化服务体系示范区建设的配套制度，其重要性愈发显现出来。在公共图书馆探索法人治理结构的过程中，信息公开成为理事会基本制度之一，强化了公众监督机制，保障了社会参与的积极性和有效性。

年度报告是信息公开的重要实现形式，2017 年正式实施的《中华人民共和国公共文化服务保障法》重新引起了学界和业界对公共图书馆年度报告的关注。其第二十一条明确规定：“公共文化设施管理单位应当建立健全管理制

① 陈德芳.跨系统区域图书馆联盟社会支持体系研究[J].图书馆学研究,2015(2):77-79.

② 方家忠.城市图书馆在公共图书馆发展中的引领作用:逻辑与路径[J].图书馆建设,2017(1):21-25.

度和服务规范，建立公共文化设施资产统计报告制度和公共文化服务开展情况的年报制度。”不久后的第六次全国县级以上公共图书馆评估中，又明确将“年度报告”作为评估指标之一。2017年以前，学界对公共图书馆年报的研究主要停留在呼吁层面，唯有部分发达地区的图书馆建立了相对规范的年报编制体系。2017年，“中国城市图书馆比较研究”课题组启动了我国第一份专门针对城市图书馆的研究报告《中国城市图书馆2017年度报告》的编制工作。2018年，李国新团队完成并向相关部门提交了《公共文化机构年报编制与公开指南（建议稿）》。

当公共图书馆年度报告有了相关法律、规章制度的支持和一系列的研究基础，2019年，国家图书馆研究院、广州图书馆和中山大学研究团队通力合作，推进公共图书馆年报编制标准制定的研究。肖鹏指出，对于公共图书馆而言，年报制度作为信息公开的手段，不仅可以提升图书馆的信息透明度和服务效率，还能够起到宣传推广作用，帮助图书馆赢取社会认同，促进社会力量参与。在未来图书馆的发展中，年报制度应该作为信息公开制度的一部分，作为图书馆社会宣传的一部分，成为图书馆长期可持续发展的主要工作之一。

4.4.5 基层建设

2015年10月20日，国务院办公厅发布《关于推进基层综合性文化服务中心建设的指导意见》，提出到2020年，“使基层综合性文化服务中心成为我国文化建设的重要阵地和提供公共服务的综合平台”。此外，整合现有基层公共服务阵地资源，组建志愿者人才队伍建设新时代文明实践中心也是新时代国家基层文化建设要求[①]。加快基层综合性文化服务中心和新时代文明实践

① 关于建设新时代文明实践中心试点工作的指导意见［EB/OL］.［2019-03-22］.http://sd.wenming.cn/xsd/sjyw/201903/t20190328_5058531.shtml.

中心的建设，是构建现代公共文化服务体系的重要举措，对于满足广大基层群众多样化文化需求、促进基本公共文化服务均等化有重要意义。

基层图书馆（室）的建设是基层综合性文化服务中心建设的重点。一些学者关注社区图书馆建设，探究其在基层综合性文化服务中心建设过程中发挥的作用。基层图书馆（室）参与基层综合性文化服务中心建设主要有两种方式：一是基层图书馆（室）转型成为综合性服务中心，例如高小军指出社区图书馆整合不同部门的基层公共文化资源，努力实现向社区综合性服务中心的过渡，是可行的建设模式①；一是基层图书馆（室）的建设融入原有基层服务中心中，例如通过与其他文化设施的集聚建设向基层提供综合性文化服务，在原有的基层文化服务中心内部设立图书馆（室）也是经实践检验的有效方法②。

一些学者关注新时代文明实践中心的建设，指出其对于振兴基层文化有着重要作用。李国新认为，健全乡村公共文化服务体系、协调各方资源是新时代文明实践中心建设的重点，由此可推动基本公共文化服务标准制度的落实，振兴乡村文化、基层文化③。分级建设新时代文明实践中心、实践所，整合基层资源，提供高效服务，对于新时代进一步发展基层文化起着关键作用。

---

① 高小军.以社区为中心的现代社区图书馆服务模式研究——以深圳市罗湖区“悠·图书馆”为例[J].图书馆论坛,2017(3):57-66.

② 金武刚.公共文化服务体系中的图书馆创新发展研究[J].图书馆,2019(5):1-8.

③ 李国新.关于加强农村公共文化服务建设的思考[J].中国图书馆学报,2019(4):4-11.

4.5 服务方式创新

4.5.1 跨界合作

图书馆跨界合作实际上是社会参与图书馆建设的一种形式。在“互联网+”时代，公共图书馆应当拓展思路，主动跨界合作，整合社会资源，促进服务创新。如邹婉芬[①]所说，公共图书馆唯有在通过跨界合作提高自身发展能力的同时也推动社会发展，才能实现与社会的同步发展，永远作为“一个生长着的有机体”而存在。屠淑敏等人[②]界定了公共图书馆“跨界服务”的内涵，认为公共图书馆超出“文献采集与流通”“信息整合与提供”“知识传播与利用”等服务边界，参与到更广阔的行业领域中都可以视作跨界。

在互联网时代公共图书馆谋求跨界融合的探索中，学界延伸出了“图书馆+”这一概念。霍瑞娟[③]认为，“图书馆+”围绕公众需求展开，在利用当代信息技术的同时，应与社会生活的其他专业和活动融合。这个概念下的图书馆跨界融合形式主要有“图书馆+购物中心”“图书馆+咖啡厅”“图书馆+书店”以及政府和社会资本合作（Public-Private Partnership，PPP）模式。有学者基于不同的跨界形式开展研究，例如程远[④]对公共图书馆开展跨界合作

① 邹婉芬.“互联网+”环境下的图书馆跨界合作模式考察[J].图书馆论坛，2018(9):119-123.

② 屠淑敏，冯亚慧，李玲丽，等.互联网思维视野下的公共图书馆跨界服务思考——跨界OR被跨界[J].图书与情报，2015(1):125-130.

③ 霍瑞娟.“图书馆+”：专业服务跨界融合发展的探索[J].图书馆杂志，2016(8):10-14.

④ 程远.公共图书馆优化跨界合作的展览服务思考[J].图书馆建设，2015(12):79-82.

展览服务的研究，韩冰和杨晓菲[①]对公共图书馆与实体书店跨界合作服务的研究，王娟娟和吴跃伟[②]对图书馆＋咖啡馆模式的研究，陈璇[③]对跨界合作中青少年阅读空间模式的研究，等等。根据王万振[④]的总结，公共图书馆跨界融合还包括与搜索引擎的合作，例如维普资讯数据与谷歌学术搜索（Google Scholar）的合作；与信息服务网站的合作，例如将"豆瓣"等读书网站的书评数据嵌入到馆藏书目中；与出版社及书商合作，例如"你选我购"的服务形式。目前看来，公共图书馆跨界合作尚存在着诸多问题，例如合作的广度和深度不足，跨界边界难以界定，规范制度尚未成型，还有待公共图书馆进一步探索与改革。

当跨界合作继续拓宽深度和广度时，"图书馆＋"理念的内涵可以更加丰富。杨晓东[⑤]提出"图书馆＋"是"以图书馆为平台，与'互联网＋'场景中的用户需求相结合，形成跨界融合、连接一切的服务模式"，这种观点强调"图书馆连接"一切，通过搭建与用户沟通交流的桥梁来提供服务是第一层连接；通过建立常态化、制度化的交互机制，为图书馆与用户的交互提供共享规则体系是第二层连接；第三层连接是社会资本，"图书馆利益相关者在互动中形成互信互惠的社会网络，形成基于知识和智慧进行服务提供与需求满足的社会网络"。

① 韩冰，杨晓菲．公共图书馆与实体书店跨界合作模式比较研究［J］．图书馆工作与研究，2017（4）：118-122.

② 王娟娟，吴跃伟．我国咖啡图书馆的发展现状、存在问题及发展策略研究［J］．图书馆学研究，2013（20）：18-22.

③ 陈璇．基于"图书馆＋"的青少年阅读空间新模式研究——以"微书吧"微阅读空间为例［J］．图书馆研究与工作，2018（8）：66-69.

④ 王万振．国内图书馆跨界合作研究综述［J］．河南图书馆学刊，2017（1）：86-88.

⑤ 杨晓东．"图书馆＋"：面向"互联网＋"时代的图书馆服务模式［J］．图书馆工作与研究，2017（3）：62-67.

4.5.2 移动服务

我国学界对于公共图书馆移动服务的关注兴起于2011年前后，姜颖[①]对中美移动图书馆服务进行比较分析，提出我国移动图书馆服务的发展对策。2012年，茆意宏[②]针对用户对移动服务的需求进行调查，提出了面向用户需求的图书馆移动信息服务的内容模式、技术模式和服务策略。一直到2014年，学界主要都在探讨移动服务的应用模式和前景，更多地使用“移动图书馆”这个概念而非“移动服务”。随着移动化的普及和“两微”的普遍使用，学界又进一步讨论微信公众平台对于图书馆移动服务的作用和意义[③]，对于图书馆移动APP的研究也逐渐多了起来，代表有叶莉[④]、曹鹏等人[⑤]、井春兰[⑥]、田蕊等人[⑦]。同时，对移动服务中服务质量、用户体验的关注也从未间断过[⑧]。

2019年，王丽丽等人[⑨]通过对32家省级图书馆移动服务平台调研发现，WAP网站和移动APP仍占据图书馆移动服务的主流，微博基本普及，微信公

---

① 姜颖.我国移动图书馆服务现状及发展对策——中美移动图书馆服务的比较分析[J].图书馆建设,2011(12):75-78.

② 茆意宏.面向用户需求的图书馆移动信息服务[J].中国图书馆学报,2012(1):76-86.

③ 孙翌,李鲍,高春玲.微信在图书馆移动服务中的应用研究与实践[J].图书情报工作,2014(5):35-40;蒋丽平,郑红月,易安宁.移动社交媒体环境下的图书馆信息服务研究——国内图书馆微信公众服务平台现状调查[J].现代情报,2014(10):79-82,87;刘斌,王玮,杨文娜.微信公众平台高级功能在图书馆移动服务中的应用与探索[J].图书馆学研究,2014(11):18-21,29.

④ 叶莉.基于APP应用的移动图书馆建设实例及发展研究——以武汉图书馆为例[J].图书馆学刊,2014(3):116-118.

⑤ 曹鹏,明均仁,段欣余.国内图书馆APP移动服务调查与分析[J].图书馆学研究,2015(16):77-83,101.

⑥ 井春兰.基于4G网络技术下的图书馆APP移动服务研究[J].图书馆学研究,2015(13):89-92.

⑦ 田蕊,陈朝晖,杨琳.基于手持终端的图书馆APP移动服务研究[J].图书馆建设,2012(7):36-40.

⑧ 宋文杰.移动图书馆用户使用意愿影响因素的实证研究[D].南京:南京大学,2016;单婷婷.基于用户体验的移动图书馆使用意愿研究[D].镇江:江苏大学,2016;郑德俊,王硕.移动图书馆服务质量的感知差异性分析[J].图书情报工作,2016(21):6-16.

⑨ 王丽丽,于纯良,张晓青.我国省级以上公共图书馆移动服务发展现状调查研究[J].图书馆学研究,2019(15):14-21.

众平台已经成为公共图书馆的标配。文章发现省级公共图书馆移动服务存在着诸多问题，例如建设移动服务门户的专业人才不足，WAP 网站、移动 APP 同质化，图书馆的主体资源不适合移动阅读，图书馆移动服务平台与门户网站之间未建立完整的揭示关系。由于 WAP 网站和移动 APP 有着技术、功能和即时性等方面的局限，张晓青和苑刚①提出在微信公众号上建设图书馆微门户，以便借助庞大的微信用户规模和微信公众平台的广泛应用，“有效推进图书馆移动信息服务的迅速发展和全面普及”。

随着 NFC 技术（near-field communication，近距离通信技术）的普及，移动读者证作为一种新的服务形式出现在公众视野。2015 年，钱海钢②就针对广东省立中山图书馆基于 NFC 技术实现的手机借还、支付、查询服务展开了探讨。但近年来关于 NFC 技术应用在公共图书馆移动服务的实践和理论都较少。另外，发端于国外的移动创客空间服务也受到国内学者关注，关注点主要集中在对美国图书馆移动创客空间服务的借鉴③。黄丽④对图书馆移动创客空间服务进行了较为系统的研究，文章阐述了移动创客空间概念、特征与构建模式，并探析了图书馆构建移动创客空间的模式、意义及相关问题。

4.5.3 文化联合

公共文化机构互相联合与合作是现代公共文化服务体系建设的要求。同为公共文化机构的公共图书馆、博物馆、档案馆之间的融合互动最早要追溯

---

① 张晓青，苑刚．基于微信公众号的图书馆微门户建设［J］．鲁东大学学报（哲学社会科学版），2018（1）：78-83.

② 钱海钢．基于NFC的图书馆移动服务探索——以广东省立中山图书馆为例［J］．图书馆论坛，2015（8）：132-136.

③ 单思远，王焕景．美国图书馆移动创客空间服务模式分析及启示［J］．图书馆工作与研究，2017（2）：96-102；方婷．旧金山公共图书馆创客空间实践研究［J］．图书馆建设，2017（4）：10-15.

④ 黄丽．图书馆移动创客空间构建研究及启示［J］．现代情报，2018（9）：92-97.

到 1902 年，根据黄少明[①]对我国早期"图博合一"现象的介绍，真正名副其实地遵循"图博合一"办馆方式的是云南图书博物馆和山西教育图书博物馆。

这种"图书博物馆"的形式因不符合近现代图书馆博物馆事业的发展潮流而逐渐淡出大众视线。2011 年，图书馆与博物馆的合作再次被提及，一些学者对国际图联开展的图书馆、博物馆、档案馆合作项目进行研究，讨论了图书馆与其他文化机构合作的必要性和可能性，例如卢家利[②]和梅琦[③]。2012 年，随着馆藏资源数字化的发展，数字资源整合研究成为 LMA（Libraries，Museums，Archives，图书馆、博物馆和档案馆）协作的热点，以肖希明为代表的多位学者对此展开了一系列研究，包括总结国内外数字资源整合研究进展，基于关联数据的整合技术，调查国内公共文化数字服务需求，公共文化数字资源整合模式，提炼公共图书馆博物馆数字文化服务融合策略等[④]。此外，在数字资源整合技术层面，还有针对数字化协作框架 D-LAM 展开的研究[⑤]。在合作内容层面，则有针对图书馆与档案馆面向政府信息公开的合作机制研究[⑥]。

公共文化云是近几年兴起的创新概念，随着现代公共文化服务体系建设

---

① 黄少明.我国早期"图博合一"的图书馆[J].大学图书馆学报,2005(4):64-67.

② 卢家利.公共图书馆、档案馆和博物馆开展合作的研究——有关国际图联的研究之六[J].科技情报开发与经济,2011(27):13-15.

③ 梅琦.简论图书馆与博物馆的合作[J].大学图书情报学刊,2011(6):23-26.

④ 肖希明,郑燃.国外图书馆、档案馆和博物馆数字资源整合研究进展[J].中国图书馆学报,2012(3):26-39;郑燃,李晶.我国图书馆、档案馆与博物馆数字资源整合研究进展[J].情报资料工作,2012(3):69-71;郑燃,唐义,戴艳清.基于关联数据的图书馆、档案馆和博物馆数字资源整合研究[J].图书与情报,2012(1):71-76;肖希明,郑燃.公共数字文化服务需求的调查分析——以图书馆博物馆为例[J].图书馆,2013(6):41-43;李金芮,肖希明.国外公共数字文化资源整合管理体制模式及其适用性研究[J].图书情报工作,2015(3):26-34;唐义,肖希明,周力虹.我国公共数字文化资源整合模式构建研究[J].图书馆杂志,2016(7):12-25;郑燃.公共图书馆博物馆数字文化服务融合策略研究[J].图书馆研究与工作,2017(1):34-37.

⑤ 赵生辉,朱学芳.我国图书馆、档案馆、博物馆数字化协作框架D-LAM研究[J].情报资料工作,2013(4):57-61.

⑥ 罗贤春,黄俊锋.面向政府信息公开的公共图书馆与档案馆合作机制研究[J].国家图书馆学刊,2013(5):3-8.

得到国家层面的高度重视，公共文化服务与科技融合以提升服务效能成为大势所趋，各地纷纷探索建设统一入口和服务的区域性综合型公共文化云服务平台。学者通过实证调查的方法进行相关研究，例如陈则谦等人①对我国公共文化云服务平台建设现状进行调查，发现2018年前后我国共有63种、8个类型的文化云服务形式，认为未来公共文化云服务应当在“吸引社会力量参与”“资源深度重组”“发掘服务数据的价值”三方面继续探索和发展。吴昊②对广东省文化E（驿）站的建设进行总结，对公共文化云平台建设提出“厘清建设思路”“建设各级公共文化机构云平台”“制定技术标准规范”“与社会力量合作”等建议。

4.5.4 文旅融合

2018年，为“增强和彰显文化自信，统筹文化事业、文化产业发展和旅游资源开发，提高国家文化软实力和中华文化影响力，推动文化事业、文化产业和旅游业融合发展”③，文化部和国家旅游局合并组建“文化和旅游部”。自此公共图书馆文旅融合探索加快了深度融合的进程。

公共图书馆文旅融合是一种文化创新型服务。会展旅游在公共图书馆进行文旅融合探索时起源较早，实践较多，影响较大。根据王世伟④的梳理，国家图书馆、上海图书馆、首都图书馆、浙江图书馆等多所公共图书馆均先后举办了“颇具规模的国际会议与学术论坛以及颇具影响力的各类文化主题展览”，“中国公共图书馆在国家‘一带一路’发展战略中发挥了独特的文化桥

① 陈则谦，刘昱杉，聂曲晗.我国公共文化云的服务内容与特征分析［J］.图书馆，2018（8）：27-31，46.

② 吴昊.一站式公共数字文化服务云平台的实践与反思——以“广东省文化E（驿）站”建设为例［J］.图书馆学刊，2019（6）：114-118.

③ 王勇.关于国务院机构改革方案的说明（1）［EB/OL］.［2020-02-16］.https://baijiahao.baidu.com/s?id=1594842733215859680&wfr=spider&for=pc.

④ 王世伟.关于公共图书馆文旅深度融合的思考［J］.图书馆，2019（2）：1-6.

梁和纽带功能”。近年来，公共图书馆又纷纷探索面向中小学群体的“研学游”项目，例如河南省图书馆开发的“读书与探索——从图书馆出发看世界”研学旅行项目，国家图书馆与北京市海淀区旅游发展委员会合作开发的“研学游”项目。

对于公共图书馆文旅融合的当前进程与未来发展，鄢莹①提出，要在公益性的基础上完善以公共图书馆为中心的商业生态链，在保证公共图书馆基本服务的基础上发掘图书馆的旅游特色，王世伟②阐述了“树立新理念”“培养新机制”“探索新路径”等三方面的内涵。至今为止，图书馆人一直在公共图书馆文旅融合的探索中展现出“勇于创新”的精神，例如，浙江丽水的公共图书馆将书吧嵌入民宿，建立了“民宿书吧”等模式。

4.6 公共图书馆服务创新研究的特点

为响应国家和行业发展要求，各级各类公共图书馆不断更新服务理念，开拓服务方式，积极在服务层面进行创新，以满足新时代图书馆事业的发展要求以及社会的文化需求。在服务理念、服务内容、服务机制 / 体制与服务方式创新的过程中，公共图书馆已经形成了较为明确的创新发展趋势和倾向，大致可以总结为以下几点。

4.6.1 服务理念创新——以国家政策与行业规范为引领

在服务理念创新方面，公共图书馆积极响应国家文化政策、行业发展规

---

① 鄢莹.公共图书馆文旅融合的典型实践与分析[J].图书与情报,2019(1):111-114.

② 王世伟.关于公共图书馆文旅深度融合的思考[J].图书馆,2019(2):1-6.

划的要求，以国家政策和行业规范为引领，不断更新发展理念。通过不断扩大自身馆藏开放和服务开放的程度，公共图书馆力图在更大范围内保障公民的基本文化权益；公共图书馆体系正在积极构建行业内部的信息共享联盟与面向社会的资源服务共享平台，大力推动行业内部的资源整合；为促进基本公共服务均等化，公共图书馆进一步关注弱势群体、特殊群体的文化权益保障，以期提高公共图书馆体系的社会包容性以及数字化包容性服务的普及程度；为进一步推动“大众创业，万众创新”社会趋势的大发展，建设创新型社会，公共图书馆积极构建创客空间，为社会创客群体提供设备、场所，促进创新实践的发展。此外，公共图书馆也积极谋求与产业园、科技园的合作，与社会力量共同推动创新型社会的建设发展。

4.6.2 服务内容创新——以阅读服务与分众服务为两翼

在服务内容创新方面，公共图书馆致力于提高阅读服务水平，营造全民阅读环境，通过分析不同群体的文化需求特点，提供分众服务，切实满足各群体需求。近年来，各地公共图书馆不断加强基层分馆建设改造力度，联合社会力量推动公共图书馆基层服务深入社区、乡村以及偏远地区；通过开展阅读推广实践、举办全民阅读活动，提高数字阅读服务能力，公共图书馆不断推动阅读服务的标准化、体系化，为全民阅读社会的建设提供了关键支持；针对青少年群体、老年人群体以及特殊群体的阅读特点，公共图书馆不断完善阅读设施与阅读空间，力图切实满足各类群体多样化的文化需求；此外，利用自身丰富馆藏，公共图书馆也在不断探索着专题信息服务模式，为党政机关、社会团体的会议、决策活动提供专题信息参考，发挥公共图书馆的信息资源优势。

4.6.3 服务体制与机制创新——以基础保障与社会力量参与为重点

在服务体制与机制层面，公共图书馆在积极探索主题分馆与基层分馆建设的同时，积极进行运营体制改革，进一步引导社会力量参与公共图书馆的建设。公共图书馆通过参与基层综合性文化服务中心等服务点的建设，进一步细化与完善原有总分馆体系，同时充分分析服务范围内各社区特点，基于周边环境特点构建主题分馆；公共图书馆也在不断探索着治理模式创新，积极建立法人治理制度，力求实现企业化、规范化发展；在公共图书馆建设过程中，社会力量的参与是重要环节，各馆积极完善社会参与制度、资金筹集制度，努力拉动社会机构参与到图书馆建设中来以提高服务效能；此外，公共图书馆也积极响应国家要求，大力推动信息公开，通过向社会公开图书馆年报、图书馆建设规划等信息，自觉接受社会监督，履行社会职责。

4.6.4 服务方式创新——以数字技术和联合发展为方向

在服务方式上，公共图书馆一方面积极推动现代化数字信息技术与公共文化服务的融合，一方面不断探索不同机构间的联合发展模式。目前，公共图书馆积极寻求跨界合作，通过与第三方传播媒体、社会机构的合作，拓展图书馆信息传播途径，推动数字化服务方式的发展；为提高服务水平，公共图书馆也在不断创新移动服务方式，力求简化服务流程、提高服务利用便捷度；为了顺应国家的文化联合发展趋势，公共图书馆也积极参与国家、地区公共文化云的构建，探索与博物馆、档案馆等文化机构的新型合作模式，促进公共文化资源的高度整合与高效利用；此外，文旅融合发展模式也是公共图书馆近年来不断探索着的内容，通过在风景名胜区、特色景点建设特色分馆，积极构建带有旅游文化色彩的公共图书馆服务新模式。

5　公共图书馆服务创新实践的案例与趋势

5.1　国内公共图书馆服务创新的案例与发展趋势

课题组的问卷调查结果显示（附录 2），在“十三五”时期，业界为图书馆的创新服务打分情况依次为：服务方式创新 4.12 分、服务内容创新 4.08 分、服务理念创新 4.03 分，服务体制与机制创新 3.94 分。总体上来看，四者的分值都在 4 分（有一定创新）左右，且分差不大，表明“十三五”以来我国公共图书馆在各方面的服务创新均取得了较好的成果。与调查同步，课题组通过调研近两年的公共图书馆创新创意征集推广活动，搜集了一批典型创新案例（附录 6、7）。2017 年 9 月起由中国图书馆学会公共图书馆分会举办的第一届公共图书馆创新创意征集推广活动共收到 311 个申报作品，最终 138 个作品入选获奖名单[①]；2019年的第二届案例征集活动也有130个获奖作品[②]。课

① 中国图书馆学会公共图书馆分会. 中国图书馆学会公共图书馆分会关于公布第一届公共图书馆创新创意征集推广活动获奖名单的通知[EB/OL].[2020-06-13].http://www.lsc.org.cn/contents/1351/11617.html.

② 中国图书馆学会公共图书馆分会. 中国图书馆学会公共图书馆分会关于公布第二届公共图书馆创新创意征集推广活动研议入选名单的通知[EB/OL].[2020-06-13]. http://www.lsc.org.cn/contents/1129/13805.html?from=timeline&isappinstalled=0.

题组优先关注活动获奖案例，同时结合活动申报作品与社会关注度较高的代表性案例，根据服务理念、服务内容、服务机制、服务方式四个方面对案例进行分类，并选出各方面最具代表性的案例进行分析。

5.1.1 国内公共图书馆服务创新现状及典型案例

根据文献研究、政策分析和问卷调查的结果，课题图发现：国内公共图书馆的服务理念创新主要体现在共享、开放、普遍均等、平等、共创与包容等方面，本节选取开放、共享、包容、共创四方面的典型案例进行分析；服务内容创新主要体现在全民阅读、数字化服务、基层图书馆发展等方面，本节选取基层改造、全民阅读、青少年服务、老年人服务、特殊群体服务、专题与参考咨询服务几方面的典型案例进行分析；服务体制与机制创新主要体现在总分馆体系、社会力量参与、“图书馆 +”、法人治理等方面，本节选取主题分馆、法人治理、社会力量参与、信息公开、基层综合性文化服务中心几方面的典型案例进行分析；服务方式创新则主要体现在移动服务、自助服务、跨界合作、公共文化云服务等方面，本节选取跨界合作、移动服务、文化联合、文旅融合四方面的典型案例进行分析。

5.1.1.1 服务理念创新

（1）开放理念

随着公共文化服务体系建设的深入推进，我国陆续颁布各类政策、规划，有力助推了国内图书馆行业的开放运动潮。国家图书馆在古籍文献资源开放以及广州图书馆在推进社会力量参与、促进全民阅读等方面的探索和创新充分体现了图书馆的开放理念。

国家图书馆秉承“保护古籍、传承文明、服务社会”的宗旨，不断加大古籍数字资源建设和整合的力度，多次联合上海图书馆、天津图书馆、浙江大学图书馆、复旦大学图书馆、中山大学图书馆、首都图书馆等多家单位共同在线发布古籍数字资源，免费服务大众阅览和学术研究，在古籍资源开放共享方面形成全国联动的新局面[①]。该数字资源将图书馆珍贵馆藏向社会免费开放，供用户检索、阅览、研究、利用，让社会大众足不出户就能看到深藏在图书馆库房的善本秘籍，践行了图书馆"以用户为中心""藏以致用"的基本理念，是公共图书馆在资源开放领域的新创举。这一举措提高了古籍资源的利用率，助力了中华传统文化的推广、传承与发展。

广州图书馆在 2017 年 4 月"广州读书月"期间，率先倡导并成立了纯公益性的阅读推广平台"广州阅读联盟"，向社会公开招募各类读书会加入，并且承诺为读书会的活动提供一定的经费支持。经过几年的发展，"广州阅读联盟"自 2019 年 3 月起更名为"广州公益阅读"，并同步启动"广州公益阅读创投项目征集"项目，进一步升级开放理念，广泛吸收社会力量，吸纳有志于公益阅读推广的读书会或者阅读组织。该项目由各组织自行申请，"形式以读书沙龙为主，亦可组织面向公众的大型阅读活动，活动地点须在广州市行政区域范围内"，采用统一 logo、统一名称，广泛开展各类型阅读主题活动。"广州公益阅读"负有监督、指导与考核的责任，同时评选优秀项目，推广全民阅读推广的经验和成果。

现代公共图书馆的开放性特征不只是简单表现为图书馆大门免费向社会大众敞开，更体现在图书馆资源开放性和服务开放性上。在数字化阅读兴起的信息化时代，图书馆应加强各馆之间的合作，实现数字资源的共知共建，推进所藏特色（古籍）资源的开放共享工作；同时开放社会力量参与，积极探索 PPP 模式，构建多元化、社会化的阅读服务供给体系，推进公共图书馆服务体系转型升级，促进公共服务均等化。要以人民需求为导向，提高资源配置效率，提高馆藏布局的开放性，创新阅读共享空间，进一步提高图书馆开放化程度；发挥图书馆资源优势，推动资源和服务开放，提升读者资源利

① 促进全国联动　开放古籍资源[N].中国文化报,2017-03-20(8).

用效率，提升阅读空间智能化管理水平。

（2）共享联盟

“互联网 +”环境下，信息资源的数量呈指数增长，其来源和形态更为复杂多元，单一的图书馆服务模式不再能够满足读者日益增长的多元化文化需求。因此，建立图书馆联盟、实现信息资源共享是现代图书馆事业发展的必然趋势[①]。随着图书馆数字化进程的推动，为适应数字环境下图书馆的发展需要，数字图书馆共享联盟应运而生[②]。

2015 年 1 月，甘肃省图书馆与中国最大的数据资源公司中国知网合作，建立了集资源、服务、特色馆藏为一体的服务平台——甘肃知识文化服务平台，为全省 84 个县（区）图书馆整合地方资源，创建统一门户网站、统一检索平台、统一资源存储空间，共建特色馆藏，共享平台资源。借助知网的信息资源和技术，平台采用“共享资源 + 共享管理 + 特色资源 + 特色服务”的模式，有效解决了县（区）图书馆经费短缺、资源不足、服务能力较低、人力缺乏等问题。平台为县（区）图书馆搭建独立的门户网站，通过一站式检索实现期刊、论文、报纸、会议等各类资源的统一导航、统一检索，使资源获取更加简单便捷。省馆购买、多馆使用的模式既减少了资源重复购买，节约了空间和成本，提高了资源利用率，又可以使各馆建立特色资源库，实践新的服务理念，提高图书馆服务效能。“甘肃知识文化服务平台”模式和经验具有可复制性，尤其适合经济不发达地区的图书馆服务建设，为边远贫困地区图书馆精准文化扶贫提供了新思路，为政府精准扶贫、文化帮扶提供了资源保障。

数字共享联盟是公共图书馆开展联盟共享服务的新尝试。公共图书馆尤其是省级公共图书馆应充分认识到构建联盟的重要意义，构建有效的组织管

① 徐晓濛.公共图书馆联盟馆藏资源建设共享的实践创新——以郑州图书馆公共图书馆联盟为例[J].河南图书馆学刊,2019(8):7-8,21.

② 李芬林.对建设甘肃市县公共图书馆数字共享联盟的思考[M]//熊丽.图书馆联盟建设与发展.北京:首都师范大学出版社,2012:107-115.

理运作机制[①]，促进成员馆之间的交流合作，发挥协作共享的优势，加快推动图书馆事业的信息化进程[②]，逐步建立起县（区）、市、省直至全国的资源共享网络，扩大数字共享联盟覆盖范围，解决地区资源分配不均的问题，减少重复购买并通过合作提高资源配置效率；推动欠发达地区图书馆数字资源欠缺、特色馆藏欠缺、资金短缺、服务效能低等问题的解决。

（3）包容理念

近年来，图书馆的包容理念受到越来越多的社会关注。公共图书馆作为社会性公益文化组织，促进社会包容是其责任和使命所在，社会包容的核心精神是对公正平等的坚持和对社会多样性的宽容。随着信息技术的快速发展，数字化时代提前到来，弥合因发展不平衡产生的数字鸿沟、促进数字包容成为图书馆新的使命和任务[③]。针对中老年开展的数字扫盲活动、为农村电商提供技术指导和人才培养等活动都是图书馆促进数字包容的重要举措。

上海市虹口区图书馆于2012年推出“e厘米”信息素养培训项目，主要面向中老年、青少年、外来务工者等群体，有针对性地开展培训。该项目根据用户的年龄及需求分类，根据他们的不同特点定制培训服务：在“星期四”课堂对中老年人进行网络信息技术、公共信息查询、网络社交媒体应用以及信息安全等方面的实用型培训，突破信息技术和数字化设备给中老年群体带来的使用门槛；“云课堂”利用图书馆数字资源库，与学校教学进行有机结合，对青少年群体进行信息意识、信息检索与利用、数字阅读等方面的培训；“e厘米—掌上图书馆”为辖区内22家标准化菜场安装了无线服务器，集成电子书、少儿教育视频、共享工程讲座等多种资源，对无线设备无缝开放，让

① 余明霞.粤港澳大湾区图书馆联盟发展策略研究［J］.上海高校图书情报工作研究，2019（3）：75-81.

② 徐晓濛.公共图书馆联盟馆藏资源建设共享的实践创新——以郑州图书馆公共图书馆联盟为例［J］.河南图书馆学刊，2019（8）：7-8，21.

③ 贾璐.数字包容与公共图书馆发展探析［J］.办公室业务，2019（19）：167，169.

菜场内工作的外来务工者享受文化大发展大繁荣的丰硕成果[①]。

“互联网+”背景下，农村电子商务迅速崛起，农民对于电商技术和信息知识的需求不断增长。针对这一情况，广西壮族自治区桂林图书馆充分履行省馆龙头职能，发挥文化资源优势，积极开展文化扶贫，助力农村电商发展。广西壮族自治区桂林图书馆协同县级图书馆、乡镇文化站等单位，组织龙胜县各乡（镇）村民、电商创业者等进行培训，为其进行电脑操作基础、电商运营技能提升、淘宝开店流程及运营推广方案探讨、微信商城开店流程及运营推广方案探讨等内容的培训；在生产厂房、田间地头开展面对面的走访交流，及时了解电商实际困难及需求，合理调整培训方案及内容，提升农村电子商务的可持续发展能力；同时对县、乡（镇）文化站负责人、农家书屋管理员开展电商管理人员培训，邀请大学教授及图书馆专业技术人员为其讲授互联网+现代农业，推动农村电商可持续发展。

图书馆为不同群体提供满足其需求的个性化信息资源服务，关注社会特殊群体和弱势群体的信息需求是图书馆社会包容精神的重要体现。图书馆应注重对图书馆读者、社区群体信息素养能力的培养，同时，图书馆所开展的信息素养培训活动应该层次鲜明、丰富、有针对性。公共图书馆应关注信息时代产生的数字排斥及其对社会群体的影响，积极回应社会弱势群体的需求[②]，利用文化资源优势，为弱势群体免费提供信息资源，加强人才培养，降低信息通信技术高速发展给弱势用户带来的使用门槛。

（4）共创理念

李克强总理在2014年夏季达沃斯论坛上首次提出了“大众创业、万众创新”的理念。近年来，我国出台一系列政策不断推进“大众创业、万众创新”

---

① 虹口图书馆“e厘米”项目让数字阅读触手可及[EB/OL].[2020-03-29].http://sh.sina.com.cn/zw/h/2016-03-03/detailz-ifxqaffy3540443.shtml.

② 戴艳清，陆浩东.公共图书馆的社会包容理念：内涵、存在的问题及对策[J].图书馆建设，2011(7):48-50,53.

的发展，创新和创业已成为拉动我国经济增长的新引擎[①]。在全民创新的时代背景下，公共图书馆丰富的创新知识储备和强有力信息资源共享能力使得图书馆成为服务双创的重要主体，拓展创新创业服务是公共图书馆顺应时代潮流和实现自身转型的战略选择[②]。嘉兴市图书馆建设创客知识共享数字平台的探索和经验为图书馆服务“双创”提供了借鉴。

嘉兴市“数字众创空间”由嘉兴市图书馆与中国知网联合构建，旨在充分利用嘉兴市图书馆在公共文化服务方面的经验与优势，利用新技术、新方法为各类创新创业群体提供全流程知识服务，充分拓展总分馆模式下图书馆精准化知识服务的能力[③]。该平台基于嘉兴市产业结构现状，建成行业专题数字图书馆群，聚类整合海量知识资源，对文献进行知识管理和系统化构建，细化到24个行业专题数字图书馆，汇聚整合了新能源、生物医药、信息技术、集成电路等24个行业产业信息内容，实现对行业动态咨询、产业研究热点、最新专利标准、行业核心文献的实时推送，为创客、科技人员及企业提供数字资源保障[④]。“数字众创空间”在为创客及专业人士搭建专题服务知识交流平台的同时，也为普通民众提供了一个体验多媒体创意及新技术的智能空间，打破了图书馆为创客提供服务受到的时间、空间限制，有效提高图书馆馆藏和数字资源使用效率，培育大众创新能力，激发城市创造力。

在“双创”背景下，公共图书馆应积极提供服务创业创新的新思路、新方法，深度支持与推动“大众创业，万众创新”的发展，充分发挥图书馆、科学技术情报机构在知识服务、科技创新、决策咨询等方面的重要作用；建设创客

---

① 曾永杰.“双创”背景下图书馆信息共享空间服务机遇与挑战［J］.甘肃科技，2019（22）：90-94.

② 寇垠，刘宇初.图书馆与科技孵化器创新创业服务融合研究［J］.图书馆建设，2017（10）：16-20.

③ 中国知网与嘉兴市图书馆联合搭建“数字众创空间平台”［EB/OL］.［2020-03-29］.https://www.sohu.com/a/139017813_734862.

④ 创客福音！嘉兴数字众创空间让创业创新跑出加速度［EB/OL］.［2020-03-29］.https://zj.zjol.com.cn/news/632088.html.

知识共享数字平台，打破图书馆实体为创客提供服务的时空限制，加强跨界合作，探索图书馆与科技孵化器双创服务融合的新模式①，重视公共图书馆数字资源服务的专业化和精准化问题以及创业创新人员工作中协同和共享问题的解决。

5.1.1.2 服务内容创新

（1）基层图书馆建设改造

基层图书馆是文化基础设施建设的重要一环，对基层图书馆进行专业化改造是实现公共图书馆服务体系全覆盖的重要手段。随着图书馆事业的发展，基层图书馆面临着服务功能单一化、空间与设备不足等问题。为有效解决这些问题，基层图书馆开始探索对旧建筑的空间改造，例如北京市东城区第二图书馆赋予闲置古建筑新的生命；浙江省江山市坛石镇综合文化站结合地方乡土特色，将旧粮仓改造为图书馆等创新实践。

始建于明朝的北京外城东南角楼、左安门值房、花市火神庙等古建筑，体现着北京悠久的历史文化。在旧城改造过程中，它们被赋予新的生命，摇身一变，成为“最北京”的图书馆②。角楼图书馆是其中最具代表性的改造案例。角楼图书馆在服务上突破传统观念限制，通过向社会力量购买服务的方式实现社会化运营，与政府部门、企业、社团等社会组织展开合作，互利共赢，共同打造图书馆服务新生态。该馆运营围绕“1+2+4+5”的思路开展，即引入一套活动运营管理体系，树立两项品牌活动（北京会客厅、非遗 52 日），运营四大系列版块（阅读北京、聆听北京、艺术北京、品味北京），做好用户、场地、活动、内容、产品五方面的运营工作，初步建立起一套较为成熟的品牌运营系统。“古建筑 + 图书馆”的模式，以古建筑的天然优势，成就了公共图书馆的特色定位。北京着力打造古都文化、京味文化、创新文化，古

① 寇垠，刘宇初．图书馆与科技孵化器创新创业服务融合研究［J］．图书馆建设，2017（10）：16-20.

② 那些隐于古建的图书馆，您知道吗？［EB/OL］．［2020-03-29］．https://www.sohu.com/a/207950009_740399.

建筑与阅读空间相结合，既体现了文化传承，又与首都建设发展有机融合[①]。

浙江省江山市坛石镇对老粮站进行修缮改造，建成了占地面积1200平方米的综合文化站。新文化站拥有5幢房屋，其中有两幢是曾经用于储存100多吨粮食的双连体“土圆仓”，内设有功能齐全的图书室、阅览室、活动室等[②]。废弃的老粮站变身为有艺术魅力的新型文化站，体现了乡土特色和文化传承，为本地村民提供了健康、便捷的文化服务。通过积极组织开展文体活动及流动文化服务，文化站多层次、多形式地丰富了农民群众的精神文化生活。

目前国内大量旧建筑面临着更新改造及再利用的问题。基层图书馆空间改造可着眼于对老旧建筑（尤其是具有特殊意义的保护性建筑）的空间资源进行再生利用，打造符合新时代需求的图书馆空间[③]，降低基层图书馆建设改造成本，探索节能环保新模式。乡镇一级基层图书馆改造更可以结合地方乡土特色，充分利用当地建筑资源，赋予旧建筑新的角色、新的使命，对空间做出因地制宜的修缮与改造。要积极引入社会力量、吸引民间资本参与基层图书馆建设，政府出资向社会力量购买专业化的服务，如业务外包、委托运营管理等，创新基层图书馆运营理念和模式，实现基层图书馆可持续发展。

（2）全民阅读

“倡导全民阅读，建设书香社会”是新时代国家的一项重大文化战略。图书馆是开展全民阅读工作的重要阵地，在全民阅读中承担着重要角色，为此，中国图书馆学会成立了专门的阅读推广委员会以推广全民阅读。兰州读书节、青州市“全民阅读直通车”都是全民阅读推广活动的重要实践。

---

① 明代古建变身图书馆　值房和火神庙里充满书香［EB/OL］.［2020-03-29］.http://www.cssn.cn/tsg/201801/t20180121_3822802.shtml?COLLCC=782807924&.

② 干净清新！江山这个曾经的“土圆”旧粮仓，变成了图书馆［EB/OL］.［2020-03-29］.https://www.sohu.com/a/335652922_100224826.

③ 曹涵促，张红.赋予更新改造的旧建筑以新的生命——北京大学图书馆旧馆改造［J］.建筑学报，2007（6）：68-71.

兰州读书节由兰州市委宣传部、市文明办、市文化局主办，兰州市图书馆承办，通过开展“金城讲堂”名家讲座、诗歌朗诵、知识竞赛、数字资源阅读体验、优秀图书推荐、征文大赛等丰富多彩的活动，进一步推进全民阅读，引导全社会形成爱书、读书、利用图书馆的良好风尚，唤起全社会崇尚阅读的书香氛围，推动兰州市文明城市的建设，促进“文化兰州”的发展①。兰州读书节目前已成功举办 14 届，共策划组织了不同内容和主题、不同行业和层次、不同地点和形式的全民阅读活动 130 多场次，参与群众达到 42 万人（次），有 560 多人和 100 多户优秀读书家庭受到各种表彰和奖励，馆藏图书借阅达 230 万册（次）。同时，兰州读书节还首创了“进农村、进企业、进社区、进机关、进学校、进军营、进双休日”的读书活动“七进”新格局。主题紧跟时代精神和读者需要而变化的兰州市全民阅读活动，得到了广大读者的喜爱和好评。

2015 年 12 月，青州市图书馆创新组织“全民阅读直通车”工程，通过个人买借直通、馆际联盟直通、全市家庭直通、城乡互借直通“四个直通”，横向构建起市图书馆、新华书店、驻青高校“三位一体”的城市文化引擎，纵向构建起市图书馆、镇级图书馆、村（社区）图书馆、民间图书馆“四级联动”机制，从而搭建起四通八达的阅读服务网络，全方位、多层次地加强青州市全民阅读“体系化”建设，实现全域阅读资源共享，进而促进全民阅读，加快推进书香城市建设。该工程把“政府配送”改为“群众选择”，有效地解决了读者需求多元化与政府采购形式单一的问题。此外，工程还将继续扩大图书馆服务覆盖范围，细化服务环节，推动全民阅读进一步普及与发展；全力推进馆校合作，调动高校图书馆资源，实现文化全民共享。

作为全民阅读活动的领头人和活动举办的主阵地，公共图书馆应积极探索开创图书馆服务新模式、新活动，从社会大众的需求出发，举办具有较强吸引力的全民阅读推广活动，推动社会阅读的全民参与。同时，应努力扩大

① 兰州市2018年“书香兰州”全民阅读启动暨第十四届兰州读书节开幕［EB/OL］.［2020-05-28］.http://www.lzlib.com.cn/gaikuang/news/2018-05-30/1674.html.

图书馆服务覆盖范围，细化服务环节，全力推动馆校合作、馆企合作、馆区合作等联合推广模式的落实，充分调动社会资源，让文化全民共享。另外，在推动全民阅读的过程中，公共图书馆也应当时刻关注自身服务质量的提升，关注服务深度，不断提高服务水平和服务能力。

（3）青少年服务

南京晓庄学院心理健康研究院开展的全国未成年人心理健康状况调查结果显示，全国有近15%的未成年人存在一定的心理健康问题[①]。图书馆作为公益性文化教育机构，也是青少年的第二课堂，在加强青少年思想道德建设过程中有着不可替代的特殊作用，因而有义务和使命关注青少年的心理健康[②]。同时，作为第二课堂的图书馆也应当致力于提升青少年的信息素养与科学文化素养。无锡市图书馆建设未成年人心理健康活动中心的实践、广州图书馆青少年科普系列活动，都是公共图书馆青少年服务的代表性案例。

2004年，无锡市图书馆建立了未成年人心理健康活动中心，同时开设未成年人心理健康咨询平台（2005年10月，改为“无锡市未成年人心理健康咨询网”），通过整合社会资源，创新活动载体，举办了未成年人心理健康沙龙、未成年人心理健康专题报告讲座等一系列丰富多彩的特色活动。通过开展大型现场咨询活动、寒暑期系列活动，开展社会调查、编制心理健康宣传手册等，有效提高全社会对未成年人心理健康的关注度，增强未成年人认识自我、调控自我以及管理自我的能力，促进未成年人心理健康发展。从2005年始，无锡市图书馆先后启动了未成年人心理健康咨询进学校、进社区、进农村系列活动，在未成年人相对集中的学校、社区及特殊机构先后设立了13家心理辅导站，将心理咨询、讲座、团体辅导等活动主动送到未成年人身边[③]。

---

① 任其平. 全国未成年人心理健康状况的调查报告[G]//中国心理学会.第二十二届全国心理学学术会议摘要集，[出版者不详]:[出版地不详],2019:1359-1360.

②③ 殷洪.青少年心理援助:基于社会责任的图书馆服务创新——以无锡市图书馆建设未成年人心理健康活动中心为例[J].图书情报工作,2010(17):95-99.

2013 年开始，广州图书馆儿童与青少年部依托馆内科普资源，开展“我是科普小达人”青少年科普系列活动。该系列活动每月开展，以贴近生活、符合大众口味的特色科普项目为主，旨在丰富少年儿童的科普知识，拓展科普视野，提高科学素质。该活动主题涉猎广泛，涉及化学、环保、建筑、天文等多个方面，活动形式多样，包括专题小讲座、科普制作、科学实验展示、科普游戏、手工书 DIY 等。此外，配合“我是科普小达人”主题活动，广州图书馆中小学生综合书刊区每月主题推荐书架还展出了相关主题的科普推荐书目，引导更多青少年了解科普类书籍，切实促进青少年科学文化素养的提高[①]。

公共图书馆应更加关注和重视青少年服务，向青少年提供心理援助、相关科普服务等，提高青少年活动参与度，以促进青少年素质的全方位提高；同时要做好活动宣传推广和普及工作，向社会征集力量，联合学校、专业机构等共同开展青少年服务[②]。

（4）老年人服务

随着人口老龄化趋势日益加剧，老龄化已成为我国长期的基本国情之一。公共图书馆是老年教育活动的重要基地，老年人口的剧增对其开展老年人服务带来了更大的挑战[③]。辽宁省图书馆老年阅读推广实践——“乐龄俱乐部”、佛山市图书馆为老年人打造的数字资源体验活动——“耆英畅游数字乐园”正是应对这一挑战的创新举措。

“乐龄俱乐部”是对辽宁省图书馆原有服务老年读者的“老年学电脑”“英语沙龙”“诵读俱乐部”三部分内容的整合与发展。“乐龄俱乐部”以

① 广州图书馆少儿服务 · 常规活动［EB/OL］.［2020-06-14］.http://www.gzlib.org.cn/regulAct/index.jhtml.

② 邓辉.公共图书馆对未成年人心理健康的“全功能”综合服务［G］//全国中小型公共图书馆联合会、中国知网 · 中国知识资源总库编委会、上海图书馆杂志.2017年全国中小型公共图书馆联合会研讨会论文集(二等奖).［出版者不详］:［出版地不详］,2017:244-253.

③ 刘露.公共图书馆面向弱势群体服务的建议——以老年人为例［J］.内蒙古科技与经济，2017(4):100-101.

“用知识乐享晚年”为品牌口号，结合多种营销策略和渠道形成合力[①]，加大老年人服务推广力度，被文化部评为“2015年基层文化志愿服务典型案例”。佛山市图书馆的“耆英畅游数字乐园”以项目形式推动，是专为时间较充裕、对数字化产品有了解体验需求的离退休老年人群体举办的老年人数字阅读活动。该项目以佛山市图书馆新馆为主要服务阵地，以数字资源服务为依托，以培训手机功能的应用、手机阅读、网络数据库的使用为主要内容，通过自主报名和集体预约报名等方式，使老年读者主动参与到活动中来，促进老年人数字阅读，提升老年人生活品质。通过持续性的数字阅读活动，引领老年人丰富的数字化生活，缩小老年群体和年轻人的数字“代沟”。

当前我国公共图书馆老年人数字阅读服务方面有较大发展空间，部分公共图书馆提供了有针对性的电脑网络培训、讲座以及电子阅读服务等，但是提供该类服务的图书馆数量不多，且服务内容较单一[②]。公共图书馆作为老年阅读的一个重要推广平台，应重视老年用户参与，加强对老年群体的“数字化关爱”，搭建老年人数字阅读服务平台，为老年人学习互联网知识和技能提供平台和途径，推动老年人公共文化服务利用能力的提升。此外，残障老年人等特殊老年群体服务可以成为公共图书馆创新老年服务内容及模式的新领域。

（5）特殊群体服务

特殊群体是图书馆用户的重要组成部分。保障残障人士等特殊群体的文化权益，为残障人士提供均等的文化服务和个性化服务，加强对特殊群体的人文关怀是公共图书馆的重要使命。近年来，我国公共图书馆积极参与残障人士服务体系建设，为残疾人士提供知识援助。

2012年，佛山市图书馆策划实施了“阅读·温暖”佛山视障读者关爱行动项目。七年来，图书馆始终坚持关注特殊群体阅读，用阅读点亮心灯，用

① 李光媛.基于文化营销视角的老年阅读推广实践研究——以“乐龄俱乐部”项目为例［J］.图书馆学刊，2019（1）：103-108.

② 沈丽丽，张靓娟.中国公共图书馆老年人数字阅读创新服务——基于省级公共图书馆的调查与分析［J］.农业图书情报学刊，2016（7）：181-184.

爱传递温暖。佛山市图书馆打造了一支高素质、独具特色的佛山志愿者团队——“佛图朗读者”；与残疾人联合会、相关专业机构、爱心企业、传媒机构等主体构建良好的文化助残协作网络；不断向各区图书馆输出视障服务相关设备、资源、服务及活动，同时成立了佛山视障阅读推广中心，建立长效服务机制；以“互联网＋微信语音”的方式举办“文学创作微课”、设置“视障人士流动服务站”以及开展“流动无障碍影院”等活动为视障读者提供了多元化阅读服务，优化了佛山市图书馆无障碍阅读服务能力。广东省立中山图书馆联合广州青年志愿者协会助残服务总队，于2012年开始运作“心聆感影”无障碍电影现场讲解文化志愿服务活动项目，通过口述影像的方式协助视障人士理解电影内容，让他们通过“听”的方式观赏电影。

公共图书馆残障群体服务应建立长效的服务机制，加强无障碍基础设施建设，如建立流动残障人士服务站和流动无障碍影院等，优化无障碍阅读服务能力，促进基本公共服务均等化。我国口述影像服务起步较晚，目前仍处于新兴的发展阶段，在国际交流、资源共享、技术标准等方面还存在较大进步空间[①]。公共图书馆应推广口述影像服务，使更多视障读者获益，同时也提高社会大众对口述影像服务的认知和关注度，吸引更多社会力量参与到口述影像的项目中来。政府应加大投入、培养口述影像专业人员、改进技术设备，为口述影像的发展提供更好的平台[②]。

（6）专题服务与参考咨询

随着社会分工的不断细化，图书馆所提供的服务和资源越来越细致，针对性越来越强。因此，越来越多的公共图书馆开展专题服务，提供针对某一领域的参考咨询，打造专题服务品牌，如国家图书馆为“两会”提供信息服务的实践。

① 符艺.口述影像在公共图书馆视障服务中的应用与思考[J].图书馆论坛，2014(8):77-81.

② 吴宗艺，谢桢桢.中国视障口述影像服务的发展现状与大陆推广[J].新闻研究导刊，2015(10):20-21，34.

1999年，国家图书馆两会咨询服务处正式设立，以“服务用语规范化、工作程序制度化、答复咨询不过夜、咨询结果送上门”为工作准则，在会议期间推出24小时咨询热线服务。从此，国家图书馆每年进行一次“两会”服务。从1998年开始，国家图书馆“两会咨询服务处”一直持续提供“24小时全天候服务”“两会咨询热线”“免费办证”“图书借阅”“到馆参观”等服务。2002年，国家图书馆开始推送“两会热点专题资料”“两会文献信息专报”“舆情专报”等。2010年起，国家图书馆又推出了自主产品《国家图书馆两会专题文献报》，以观点摘编的形式反映社会、媒体、专家的主要观点，为代表委员提供更为精准、深入的资料。如今，国家图书馆不断借助新技术手段，相继推出国家图书馆两会服务平台、电子触摸屏、国家数字图书馆进驻两会等服务，实现“无纸化”服务“两会”。除了围绕大会议题为代表委员提供普适性的资源和服务之外，国家图书馆“两会”服务还有一个亮点——根据代表委员议案提案提供个性化定制服务。

目前，我国图书馆主要是以馆藏文献为依托开展一系列特色专题服务[①]，在为政府提供信息支持这一方面还有较大发展空间。公共图书馆应积极发挥图书馆文献资源服务能力，为国家重要会议、党政机关提供参考咨询服务，充分发挥公共图书馆的资源优势，加大服务创新力度，推动个性化参考咨询服务的开展，提供多样化、全面性的专题参考咨询服务，进一步拓展公共图书馆体系的服务范围。

5.1.1.3 服务方式创新

（1）跨界合作

跨界合作是现代公共图书馆拓展服务范围、扩大社会影响力的重要方式，也是促进社会参与图书馆建设的新形式。当下，不少公共图书馆开展了与社

① 宋丽娟.公共图书馆专题服务的实践与思考——以浦东图书馆为例[J].图书馆学刊，2015(5):56-58.

会机构跨界合作的公共文化服务实践，打造了一批优秀的公共文化服务产品。

上海图书馆于2019年与东方卫视合作打造“古籍精读”特别节目，向公众普及古籍知识以及其蕴含的优秀中华传统文化。据悉，上海图书馆从近3万种19万册的馆藏古籍善本中精心挑选了10种属于国家一级文物的古籍精品，每天在节目中介绍一种馆藏善本。基于这些精品馆藏，上海图书馆还同步推出了相关的文创系列产品，分为“文房玄览、寄南山之兴”“逆旅随行、我亦是行人”“足吾所好、赏玩而老焉”三类，其中包括《进瓜记》《江流记》多色精抄笔记本，古籍函套纹样系列文件夹，《礼记》万花筒，《化度寺邕禅师舍利塔铭》豆本，钤印系列和创意纸胶带等①。此外，为配合“古籍精读”节目的播出，上海图书馆在本馆二楼古籍目录厅还推出了古籍善本特展，展厅每天会展出前一晚播出的古籍善本原件以及与之相关的多种版本的出版物②。

2019年6月，河北省图书馆与河北广播电视台故事频道跨界联合出品音频节目《图书馆史话》，节目共30集，每集时长6—8分钟。《图书馆史话》以“一部图书馆史就是一部中国文化史”为创意初衷，通过对历史文献的收集、整理、分析、编辑，以“史话”的方式向听众讲述我国图书馆历史变迁进程和中国文化发展的历史脉络。节目选材上，主要以我国古代典籍以及文献收藏发生的代表性事件为主，结合河北地方特色的图书馆事例进行讲述，严谨对待文献资料的选取考证。节目从文字典籍初现的远古神话讲到“甲骨堆积坑”的最早国家藏书，从古代书院藏书讲到私人藏书楼再到近代图书馆，从图书分类法演变讲到图书馆防火技术发展等，为听众带来一个个生动活泼的图书馆故事。在内容和文体上，节目制作方收听、研究了喜马拉雅等音频平台上的节目并学习其特点，文体上采取了“史话”的形式，面向群体

---

① 上海图书馆与上海广播电视台联合推出“古籍今读”特别节目[EB/OL].[2020-03-29]. https://baijiahao.baidu.com/s?id=1634602164816748923&wfr=spider&for=pc.

② 古籍今读书情写意——上海图书馆联手上海广播电视台推出“古籍今读”东方卫视《诗书画》特别节目[EB/OL].[2020-03-29].https://www.sohu.com/a/318596584_523187.

定位于现代青年人，突出故事性，把较难懂、专业性较强的知识内容通俗地传递出来。

公共图书馆应积极探索与传统媒体和新媒体的跨界合作，挖掘馆藏资源文化价值，促进馆藏的多样化、多形式推广与传播。此外，公共图书馆也可以以珍贵馆藏文物资源为基础，设计特色文创产品，推动中华传统文化的弘扬与发展。

（2）移动服务

开展移动服务是公共图书馆适应互联网时代与信息时代的必要方式。通过移动服务为用户提供便捷、不受时空限制的公共文化服务，公共图书馆可以有力推动自身服务水平的提高。

深圳图书馆积极参与深圳市“图书馆之城”建设，探索图书馆移动服务的新模式。结合“深圳图书馆 | 图书馆之城”微信服务号，深圳图书馆提供了纸本图书线上全流程服务，由“虚拟读者证”“新书直通车”“快递到家”“文献转借”四个功能组成，让纸本图书资源直达读者手中。其中，“虚拟读者证”基于实名认证技术，读者凭借手机相关服务号即可随时申办并使用；“新书直通车”由馆员挑选好书，每天发布于微信服务号的“新书直通车”栏目；“快递到家”是预借服务新模式，读者所需图书将由图书馆交给物流公司配送到家，读者在微信服务号即可跟进物流信息，阅读之后读者可在全城任意网点归还图书；“文献转借”服务使得持书读者只需在图书馆服务号选择“转借服务”即可生成图书二维码，持证第三方扫描该二维码完成操作即可将转借该图书。建设过程中，深圳图书馆大力推动平台整合及业务重组，依托“图书馆之城中心管理系统”，与第三方物流公司合作将管理系统嵌入微信服务平台，重组业务流程，使二线工作人员、图书采选编目人员直接参与读者服务。通过纸本图书线上全流程化服务，读者只要使用移动设备进行线上操作，即可不受时空限制，在全市范围内使用图书服务。

公共图书馆需加快移动服务建设，为社会大众提供方便、快捷的图书借阅服务，提高公共图书馆服务数字化、现代化水平。图书馆可开发移动APP或小程序，打造优质线上服务平台，联合第三方快递公司实现图书的高速流通，提高借阅效率。

（3）文化联合

公共文化机构互相联合与合作是现代公共文化服务体系建设的要求，公共图书馆参与文化联合是国家发展的需要。公共文化机构联合发展主要通过整合各机构文化资源、建设统一服务平台来实现。

2017年，由文化部公共文化司指导、文化部全国公共文化发展中心建设的"国家公共文化云"正式投入使用，作为全国性的文化联合平台向社会提供文化服务。国家公共文化云以文化共享工程现有的六级服务网络和国家公共文化数字支撑平台为基础，统筹整合了全国文化信息资源共享工程、数字图书馆推广工程、公共电子阅览室建设计划三大工程，作为国家公共数字文化服务总平台而推出。国家公共文化云平台包括网站（www.culturedc.cn）、微信号、移动客户端等，其中，移动端的服务功能是重点建设部分，集共享直播、活动预约、场馆导航、大数据分析等核心功能于一体①。国家公共文化服务云旨在提高基层文化服务供给效率与效能，实现公共文化服务"政府端菜"与"群众点菜"相结合，突出移动互联网应用，面向基层群众提供一站式服务②。目前，国家公共文化云已度过了试点阶段与示范推广阶段，正步入全面应用阶段，计划在2020年底前逐步将国家公共文化云拓展应用至全国③。

地方文化联合建设方面，2017年佛山市提出建立"党建引领、文群共建"的公共文化服务机制，推动党委领导下的文化、体育、科技部门与各群团组织互动合作、共建共享④。在"文群共建"的机制下，佛山市图书馆、文化馆、博物馆、工人文化宫、青少年文化宫、儿童活动中心、科学馆、体育场馆中

① 王学思. 国家公共文化云平台：开启数字服务新时代[N]. 中国文化报，2017-12-05(1).

② 国家公共文化云[EB/OL].[2020-03-30].https://www.culturedc.cn.

③ 韩业庭. 国家公共文化云正式开通[N]. 光明日报，2017-12-05(12).

④ 柯静. 公共文化设施联盟：党建引领　文群共建[J]. 图书馆论坛，2018(6):5-6.

心和佛山中奥广场管理有限公司共九个跨部门的公共文化设施管理单位结成“佛山市公共文化设施联盟”，佛山市图书馆担任首届联盟主席单位，佛山市图书馆馆长担任首届联盟主席①。联盟自成立以来，积极探索机构间的合作运营管理机制，制定多部相关规章制度，如：通过建立场馆使用信息动态记录和使用需求交互平台，充分掌握各成员单位可利用的场馆资源和使用需求，整合各部门优势资源，推动文化资源延伸覆盖；利用信息互通工作平台，联合各成员单位自有宣传平台（官网、官微等），对文化服务进行多方位、多渠道的立体宣传，打破各成员单位间的信息壁垒，促进信息资源共享、集约服务，实现“两微一网”互联互通；通过搭建机制共建、品牌共创、人才共育的互动双赢工作平台，使公共文化服务体系建设在覆盖面、活动规模、品牌效应、队伍力量等方面取得更好成效②。

公共图书馆必须积极响应国家号召，参与公共文化联合工程建设，发挥图书馆体系在文化联盟中的核心作用和引领作用，推动国家及各地的公共文化联合平台建设，打造高效数字化服务平台，向社会提供一站式的、便捷的公共文化服务。

（4）文旅融合

公共图书馆文旅融合发展符合现代公共文化机构的发展趋势，对于提高国家文化软实力和中华文化影响力，推动文化事业、文化产业和旅游业融合发展起着重要作用。不少公共图书馆通过举办文旅主题活动、建设文旅主题图书馆，实现文旅融合发展。

2019 年 5 月 11 日，武汉市图书馆学会、武汉图书馆等单位主办，武汉市各区 16 座公共图书馆承办了一场持续 8 小时的“阅读活动马拉松”。活动以“文化+旅游”“图书馆+景区”“线上+线下”的形式，在全市的公共图书馆、

① 佛山市公共文化设施联盟成立［N］.南方日报，2017-09-01（FC03）.

② 佛山创新探索公共文化设施联盟成果显著［EB/OL］.［2020-03-30］.http://www.foshan.gov.cn/gzjg/fswenhua/zt/ggwhfw/gzjb/content/post_1701784.html.

公园景区、学校、社区等地先后开展讲座、诗歌朗诵、读书会、亲子阅读等十多场阅读活动，同时开通网络直播通道，在汉口里、西北湖公园、古琴台、汤湖公园、汉口江滩知音号游轮等景点进行持续3小时的实况直播。在活动策划过程中，主办者注重顶层设计，采用统一设计、统一宣传、统一实施的方式，整合全市公共图书馆资源，同时释放“阅读＋景点”“阅读＋社区”的优势，推广社会阅读。此外，活动采用“线下服务＋网络传播”的方式进行多维度、全方位的活动展示，发布线上小程序，以手绘地图的形式展示全市16家公共图书馆馆貌以及精选的旅游景点，作为“文旅地图”展示给用户。

三联书店海边公益图书馆被称为“孤独图书馆”，它位于被评为2005年“中国最美八大海岸之一”的秦皇岛昌黎黄金海岸。图书馆面积约450平方米，共有三层，馆址周边没有车道和捷径，读者要到达这座图书馆，需要徒步经过数百米的沙滩。图书馆自开馆以来便吸引了众多游客与读者。馆内建筑设计巧妙，有向海的落地窗能让每一位读者都能看到大海，有着隐蔽却不黑暗的角落让每一位读者都能伴着大海的声音阅读、冥想，还通过经过巧妙设计的窗洞让到达每一位阅读者眼前的光线强弱舒适①。

公共图书馆应积极探索文旅融合发展模式，通过举办活动、建设特色分馆等方式提供特色文旅融合文化服务。在活动举办方面，公共图书馆应积极挖掘本地区特色旅游景点、景区的文化价值，推出并推广文旅融合主题活动；在新馆、分馆建设方面，应结合特色景区环境优势挑选馆址，融入旅游文化元素，建造特色主题图书馆。

5.1.1.4　服务体制与机制创新

（1）主题分馆建设

公共图书馆主题分馆建设是公共图书馆总分馆体系的进一步发展，旨在

① 它是中国最孤独的图书馆，却最能治愈孤独的人[EB/OL].[2020-03-30].https://www.sohu.com/a/229997114_486680.

面向基层广泛建设特色主题分馆，满足不同群体的文化需求。主题分馆往往经过精心选址；馆舍建设过程中注重融合周边环境特点；馆藏的购置集中于某一专题或主题，提供专门化、专业化服务。

杭州图书馆主题分馆建设实践是国内公共图书馆的代表性案例。从2007年开始，杭州图书馆通过社会化合作的方式探索主题分馆建设，向社会提供品质化服务，服务范围覆盖杭州10个区、县，形成了主题图书馆的杭州模式[①]。分馆采用社会化合作与自建并存的建设模式，并结合标准化管理模式、融合化发展模式。主题分馆坚持以“融合发展”和“合作共赢”为建设理念，以“一馆一主题”和“一馆一特色”为建设方式，力图做到从合作方选择到选址、空间设计装修、馆藏图书、文化活动设计、特色资源挖掘等都各具特色[②]。目前，杭州图书馆主题分馆已实现规模化集群建设，向社会提供多样化的主题服务。其中，不少主题分馆在全国甚至是世界成为“首例”，如电影分馆是全国首家以电影为主题的公共图书馆；城市学分馆是中国第一座以“城市学”命名的特色图书馆；环保分馆被称为全球首座建在“垃圾场上的环保图书馆”；等等。杭州图书馆主题分馆以“文旅·融合·创新”为服务主线，积极探索“文化教育与社会探寻为主、知识服务与品质生活并重”的公共图书馆现代化服务体系[③]。

无锡市图书馆的特色主题分馆建设也具有一定借鉴意义。在建设市区两级公共图书馆总分馆体系的过程中，无锡市图书馆以“主题+书香”模式，创新建设特色分馆。在主题分馆建设过程中，无锡市图书馆探索出了六种服务模式，如：以“佛学+书香”模式融合佛学文化，整合馆内与合作寺院所藏佛教经典为公众提供服务；商业广场主题分馆跨界与商圈融合，建设“综合体+书香”服务模式；特色景点主题分馆设在文保单位、旅游景区内，以

① 柯平，袁珍珍，张畅．主题图书馆的中国实践［J］．图书馆建设，2020（1）：8-15．

②③ 这一次，主题图书馆也有了杭州模式［EB/OL］．［2020-03-27］．http://zjhz.wenming.cn/rwhz/201912/t20191217_6201749.shtml．

促进文旅融合发展；医院24小时自助分馆为医患双方及周边市民提供阅读空间；金融分馆、国联分馆与企业探索合作建馆模式；党校分馆为党员干部学习、党政机关科学决策、教师教学科研等活动提供专题信息参考。

在主题分馆建设上，公共图书馆应当注意开拓服务思维，探索建设特色鲜明的主题分馆。在建设主体方面，积极推动社会力量参与，通过吸纳社会资本、资源以提高建设效率，探索社会合作与自建并存的建设方式；在建设理念方面，推动分馆与环境的“融合发展”，结合馆址社会地理环境建设特色分馆，突出主题；在服务范围方面，积极探索向企业商圈、党政机关、旅游景区等地的服务建设，推动馆藏资源的多样化利用。

（2）法人治理制度

法人治理制度最早被称为“图书馆治理”。我国2018年开始实施的《中华人民共和国公共图书馆法》明确要求国家推动公共图书馆建立健全法人治理结构，这是新公共管理运动的客观要求和图书馆事业发展的必然趋势。

温州市图书馆是国内较早进行法人治理结构建设改革的公共图书馆，尤其在理事会制度方面为业界提供了不少实践经验。2014年2月，温州市图书馆被列入浙江省文化厅法人治理试点单位，率先实践公共文化机构社会化管理，同年被列入国家公共文化机构法人治理结构试点单位。在法人治理结构建设前期，温州市文广新局通过下发《关于进一步推进图书馆法人治理结构建设的指导意见》等政策文件给予图书馆很大的政策支持与指导[①]。理事成员方面，温州市图书馆面向全社会公开招募，寻找“有一定的履职能力和业界威望，热衷社会公益，具备宽泛的社会资源和良好的服务意识”的人员以确保公众参与，体现图书馆社会化管理趋势。权利方面，理事会享有图书馆建设发展规划、重大项目、重要服务、大项经费开支、薪酬分配等事项的决策权，并承担大部分公共文化服务的事权。理事会、主管局、管理层三者之间

① 图书馆“法人治理”之温州探路[EB/OL].[2020-03-27].http://news.66wz.com/system/2017/10/08/105032783.shtml.

的事权关系方面，主管局可对理事会进行指导和监督但不直接干预其决策行为；理事会通过章程和会议行使自主决策权但不直接参与图书馆具体管理；图书馆管理层接受理事会监督[①]。

朔州市图书馆法人治理结构建设涉及具体的图书馆服务和管理，也具有一定借鉴意义。为响应国家与地方政策要求，朔州市图书馆通过实行“公司化管理、酒店式服务、公益化运作、项目制推进”的管理模式，致力于将图书馆建设成“城市会客厅、市民大书房、文化大展台、高雅休闲地”。图书馆在考勤和绩效考核等方面采用公司化管理模式，以岗位设置、公开招聘、收入分配、绩效考核为主，辅之以考勤制度、请假制度、巡查制度、奖罚制度，建设“岗位管理制”与“岗位责任制”。礼仪服务方面，参照星级酒店标准从员工的着装举止到每项工作的程序和要求制定明确的服务标准和规范，制定《馆员手册》、绩效考核办法等 20 多个内部管理制度。图书馆建设方面，运用市场营销理念，积极引入社会机构、企事业单位、家庭、学校、部队等社会力量联合办馆。

公共图书馆法人治理结构改革，应当积极利用国家和地方提供的政策便利，推动理事会制度与图书馆管理制度的完善。政策扶持上，公共图书馆的法人治理结构改革需要国家与地方政府出台相关政策条例，营造舒适的建设环境；理事会制度建设方面，需要推动社会力量的广泛参与以保障公众知情权，要明确理事会内部成员以及理事会与其他主体之间的权责关系，建立健全权利监管机制；管理制度方面，借鉴公司、企业管理模式经验，完善岗位责任制，制定科学的服务标准与规范。

（3）社会力量参与

社会力量的参与是公共图书馆体系扩大服务范围、提升服务效能、增加办馆资源的重要途径。通过社会团体、社会机构、志愿者个人的参与，公共

① 管办分离，深度放权，社会参与——温州市图书馆法人治理结构的深化推进［EB/OL］.［2020-03-27］.https://www.sohu.com/a/206428302_748548.

图书馆体系在人力、物力、资金等方面都得到有力支持，对于公共图书馆汇集多方资源、提高服务建设效率、提升服务能力、完善服务体系均有着重要影响。

广州黄埔区图书馆积极探索社会力量参与图书馆分馆建设模式，有力提升了图书馆服务效能。结合当地产业园区、大型企业聚集的优势，黄埔区图书馆致力于探索“政府主导资源补给＋企业园区自主运营＋社会参与”的分馆建设模式，通过发挥政府财政资金的杠杆作用，采取因地制宜、融合街镇文化特色、一馆一策的模式建设分馆。分馆建设过程中，政府针对企业园区建设需求，将优质的公共文化资源整合到企业园区的综合服务平台，提供建设资金和业务技术指导；企业园区自主运营的分馆由政府财政投入初始资金，同时分配相关资源，园区提供场地、设施进行共建；社会力量众筹建设的分馆是在企业园区自主运营分馆的基础上，通过众筹的方式吸纳更多企业、自然人等社会力量投入资金共建同一间分馆①。管理过程中，黄埔区图书馆充分发挥总馆的职能，对图书馆分馆以及服务点按统一编目图书、统一调配资源、统一规范服务、统一培训人员、统一考评绩效的方式进行整体管理和服务②，同时重视企业特色和主观能动性的发挥，由企业、园区结合自身定位和实际情况进行自主管理，建造环境舒适、各具特色的公共文化服务空间，为群众提供多样化文化服务③。

佛山市图书馆也在基层广泛建设分馆，通过吸收社会力量参与扩大图书馆服务范围。邻里图书馆项目由佛山市图书馆于 2018 年推出，致力于构建“图书馆＋家庭”的阅读体系，鼓励有一定藏书基础且有能力的个人（家庭）加入邻里图书馆，对邻居、亲人、朋友提供服务。佛山市图书馆成立邻里图

① 赵晋芝.社会力量参与广州地区街镇一级公共图书馆建设研究［J］.晋图学刊，2018（6）：36-40.

② 孔玉华，叶振贤.政府主导、社会参与创新图书馆总分馆服务体系——以黄埔区图书馆“华新园分馆”为例［J］.办公室业务，2018（1）：161-162，172.

③ 广州黄埔：总分馆为群众提供高质量文化服务［N］.中国文化报，2018-11-26（6）.

书馆管理中心全面跟进项目实施，通过联合社会力量建设成员馆，提供成员馆藏定制专属服务，设立考核评价机制来完善服务体系。邻里图书馆联盟的成员馆享有总借阅量200本书、期限365天的借阅权限以及图书馆提供的文献资源、馆舍资源和服务活动的权利，同时需承担任期最少1年、服务不少于10个家庭、组织阅读分享活动不下3场的义务。邻里图书馆管理中心设立八大工作小组全面跟进项目实施，实现全方位、全过程的管理和服务。佛山市图书馆积极寻求政府政策支持，同时自主研发管理系统嵌入图书馆网站和微信平台，向社会及成员馆提供一站式自助服务。邻里图书馆以家庭为据点建立家庭图书馆的方式是家庭阅读推广的新形式，家庭成为公共文化服务供给的生力军，推动了公共文化服务供给主体多元化。邻里图书馆作为市、区、镇、社区四级公共图书馆服务网络的重要补充，将图书馆的资源和服务延伸到各小区和家庭，是社会力量广泛参与图书馆体系建设的重要成果。

全国不少公共图书馆也在探索社会力量参与分馆建设的模式，例如浙江温岭市图书馆和重庆渝北区图书馆。温岭市从2016年开始大力开展家庭图书馆分馆建设，图书馆通过志愿者在自己的家里或者学校、工厂、商店、培训机构等设立图书分馆，以“公共资源＋社会力量”为邻里和社会开展义务阅读服务。家庭图书分馆被纳入市图书馆借阅网络平台，与市图书馆联通，实行图书“通借通还”。分馆建设积极鼓励社会资源参与以弥补公共资源的不足。重庆渝北区家庭图书馆是聚合社会力量建设图书馆、延伸图书馆服务的新形式，依托公共图书馆资源，通过家庭图书馆带动其家庭成员、亲戚朋友和社区居民开展阅读活动，形成“图书馆＋家庭”的全民阅读服务体系。

公共图书馆应积极探索社会力量多渠道、多样化参与图书馆建设的模式，充分利用财政支持、环境优势完善服务体系。积极吸收社会资金、人力资源；整合各行业力量尤其是家庭，共建图书馆分馆；管理过程中重视社会力量主观能动性的发挥，推动社会力量自主管理模式的发展。此外，图书馆分馆管理过程中应注重总馆的统一管控作用，完善管理与服务体系。

（4）信息公开

信息公开是公共图书馆以用户为中心的服务理念的生动体现，也是保障公民知情权的必要举措。公共图书馆管理与服务信息的公开是公共图书馆主动接受社会监督、更好增强服务能力、履行公共文化服务职责的重要手段。在信息公开方面，一些公共图书馆做出了不少尝试，例如广州“图书馆之城”年报公开、广州图书馆的年报公开。

2015 年伊始，广州市先后发布了《广州市“图书馆之城”建设规划（2015—2020）》《广州市加快构建现代公共文化服务体系实施意见》《广州市公共图书馆服务规范》等规划条例，广州“图书馆之城”建设稳步发展。“图书馆之城”建设的次年开始，广州图书馆均对外公开上一年“图书馆之城”建设的年度报告，以保障社会的知情权、参与权。以 2018 年广州“图书馆之城”建设年报为例：报告总共分为十章，其中第一章介绍年度概况；第二章简述概念界定与统计方法；第三章分析广州市公共图书馆服务效益，公开接待访客量、外借文献量、注册读者量等具体数据；第四章对政府保障情况进行统计，公开设施设备保障、文献经费保障等主要内容；第五章总结全年服务体系的管理与运行进展；第六章列举建设不足，提出发展建议；第七章提供各类分类统计表；第八章记录年度大事记；第九章提供通借通还服务网络一览表；第十章提供服务体系建设与服务创新案例汇编；此外，附录还提供政策文本、媒体报道等信息。参考“图书馆之城”建设年报，可获取最早为 2011 年至报告当年的各类服务数据，这为推动图书馆的信息公开，提高公民知情度、参与度提供了有力支撑①。

广州图书馆于 1997 年开始编撰年报；2013 年《广州图书馆年报》进入“规范化编撰、常规化发布”的新阶段，在《广州公共图书馆条例》指引下，以年报形式推进信息公开进一步成为广州图书馆工作的基本要求。根据年报

① 广州图书馆.广州市“图书馆之城”建设年度报告2018［R/OL］.［2020-06-14］.http://www.gzlib.org.cn/ndbg/169820.jhtml.

介绍，其编撰与发布包括六个原因：一是年报基本涵盖图书馆各类统计数据，客观反映事业的发展历程，是一份翔实的业务档案资料；二是通过对统计数据的对比分析，力图在统计数据中挖掘规律，为领导决策提供参考，成为科学管理的手段；三是通过大众媒体、网站以及微信、微博等自媒体发布，充分保障公众知情权，接受社会监督，促进图书馆更好履行社会职能，不断提高服务和管理水平；四是年报将向广州图书馆理事会和政府主管部门呈报，作为图书馆履行管理职责、争取支持的有效媒介；五是广州图书馆主动将年报向社会各界、业内同行发送，使其成为宣传推广图书馆事业的一张名片和开展行业交流的载体；六是年报汇总了大量的事实数据，对馆员和业界开放，为专业研究提供基础数据支撑①。

年报编制方面，“每年从 12 月初启动编撰工作至次年 4 月完成年报发布，历时约 4 个月。具体时间和流程为：12 月确定提纲，发布通知明确收集内容、部门分工、格式等；次年 1 月各部门提交数据并起草专项分析报告，报告经分管领导审稿后再提交办公室，严格把关专项分析报告质量；2 月办公室完成数据的整理、核对并制作可视化的图表，按提纲确定的体例编排各类资料形成年报初稿；3 月至 4 月对年报进行 4 层审核，数易其稿后形成定稿，最后交出版社排版、校对、出版，层层保障年报的编撰质量”②。

以 2018 年广州图书馆年报为例，年报分为年度概览、业务统计分析、社会参与、影响力以及附录五部分。其中，年度概览包括 2018 年工作总结、组织结构图、人员结构、文献信息资源结构、服务结构；业务统计分析包括 2018 年综合统计、人才队伍建设报告、文献资源建设报告、基本服务报告、公共交流活动报告、数字化服务报告；社会参与包括 2018 年公共交流活动合作伙伴、志愿服务、社会力量合建分馆、社会捐赠图书；影响力包括 2018 年

①② 广州图书馆.广州图书馆年报2017［R/OL］.［2020-03-28］.http://www.gzlib.org.cn/gzlibYearReport/159803.jhtml.

媒体报道分析报告、集体获奖、社会评价节选[①]。广州图书馆年报全面反映了该馆当年的整体运营状况，全方位向社会展示了广州图书馆的公开信息。

公共图书馆应自觉进行信息公开，积极主动接受社会监督，吸纳社会意见，提升服务效能。通过向社会公开工作总结、组织结构、服务结构、人才队伍与文献资源建设报告、社会参与状况等馆务信息与管理信息，保障公众知情权，促进公共图书馆更好履行社会职能。

（5）基层综合性文化服务中心和新时代文明实践中心建设

加快基层综合性文化服务中心和新时代文明实践中心的建设，是构建现代公共文化服务体系的重要举措，对于满足广大基层群众多样化文化需求、促进基本公共文化服务均等化有重要意义。

中山市作为国家综合性文化服务中心试点城市，在相关文化设施建设实践上形成了具有普遍参考意义的“中山模式”。2014 年，中山市积极统筹推进，出台了《中山市国家基层综合性文化服务中心试点工作实施方案》，规定基层综合性文化服务中心建设包括室内活动空间、图书报刊、数字公共文化服务、室外文体设施、信息宣传设施等内容的硬件标准，以及包括文化活动、群众业余团队和免费开放等内容的软件标准，并在全市选择了 30 个不同类型的行政村（社区）作为试点村居[②]。中山市全力将基层公共文化资源投入从“零散模式”转变为“集约模式”，实现全方位的文化资源整合，创造了具有中山特色的基层综合性文化服务中心建设“三三三”工作模式，即工作主要包括三个步骤：一是构建标准化、特色化、数字化“三元服务空间”，通过配置标准化的功能场地、构建特色化服务空间与数字化服务平台，提高基层综

---

① 广州图书馆.广州图书馆年报2018［R/OL］.［2020-03-28］.http://www.gzlib.org.cn/gzlibYearReport/170716.jhtml.

② 中山市以“三三三”工作模式统筹推进基层综合性文化服务中心建设［EB/OL］.［2020-03-28］.http://zwgk.gd.gov.cn/006940079/201609/t20160930_674367.html；中山市人民政府办公室关于印发开展国家基层综合性文化服务中心建设试点工作实施方案的通知［EB/OL］.［2020-03-28］.http://zwgk.gd.gov.cn/007332999/201501/t20150116_565490.html.

合性文化服务中心的服务能力；二是实施以行政村（社区）党组织和委员会为主导、社会组织和专业社工参与运作的“三方联动”，引导各类社会组织参与公共文化服务供给，通过政府购买社工机构服务；三是促进文化服务与公益服务、便民服务的“三项服务融合”，整合各级各类公共文化资源，促进公共文化服务与社区多元化服务有效融合，支持社会力量设立社区便民服务点。通过实施“三三三”工作模式，中山市有效解决了行政村（社区）综合性文化服务中心建设、管理和服务的问题，努力破解基层公共文化服务资源不足、设施建设水平不高、资源配置不平衡、供需不匹配等难题[①]。

基层综合性文化服务中心与新时代文明实践中心的建设，需要政策的大力扶持。政府应积极发挥社会公共文化服务功能，加大对基本公共文化设施的政策和资源投入，解决基层公共文化资源供给不足的难题。

5.1.2 国内公共图书馆服务创新的发展趋势分析

首先，信息技术的发展以及用户阅读需求的变化将直接影响未来国内公共图书馆的发展趋势。通过对问卷调查结果的分析，90.72% 的人认为“信息技术”将在“十四五”期间直接影响我国图书馆的服务创新，五成左右的人认为“媒体发展”和“经济形势”对图书馆服务创新也有一定影响。用户需求方面，84.13% 的人认为“阅读需求”是“十四五”期间可能影响我国图书馆服务创新的重要需求因子，另有 77.25% 的人认为“网络需求”也是重要需求，还有 63.47% 的人认为“文化教育需求”不可忽视。

其次，服务理念与服务内容的创新仍是“十四五”时期公共图书馆需要重视的创新板块。70.06% 的问卷填写者认为服务理念的创新在“十四五”期

① 吴荣超，李杰锋．中山市以“三三三”工作模式统筹推进基层综合性文化服务中心建设纪实［J］．文化月刊，2016（23）：54；中山市文化广电新闻出版局．广东中山从市镇村三个层级立体式推进现代公共文化服务体系构建［EB/OL］．［2020-02-27］.https://www.mct.gov.cn/whzx/qgwhxxlb/gd/201609/t20160901_790381.htm.

间非常重要，重要性平均分达到了 4.64 分（重要性满分为 5 分）；65.27% 的人认为服务内容创新在“十四五”期间非常重要，重要性平均分达到了 4.67 分；服务体制机制创新方面，60.48% 的人认为这方面创新在“十四五”期间非常重要，重要性平均分为 4.59 分；此外，56.29% 的人认为服务方式创新在“十四五”期间非常重要，重要性平均分为 4.55 分。

国内不同地区的公共图书馆未来服务创新的侧重点将有所不同。通过交叉分析发现，在服务方式创新上，中部地区的问卷填写者对“十三五”期间公共图书馆“跨界合作”的重要性评价高于东部与西部。创新的社会影响因素方面，与东部相比，中、西部地区对“经济形势”在“十四五”期间的影响力关注度与认可度更高。

通过收集并分析问卷填写者对我国公共图书馆在“十四五”时期的发展提出的意见与建议，可知提高服务效能、转变服务方式、加强社会合作、推动文旅融合、更新服务理念这五个方面是问卷填写者普遍重视的内容（附录 2）。根据问卷填写者建议，“十四五”期间，公共图书馆应进一步推动“互联网 +”与图书馆服务的结合，探索大数据、云计算、物联网等技术的高效应用模式；加强基层公共图书馆建设保障资金的投入，广泛吸收社会力量和社会资本，完善和优化基础服务是公共图书馆服务建设的重要方式；在文旅融合和文创产品开发方面，公共图书馆仍需切实提升效能，提高馆员素质和相关知识储备，推动服务创新；跨界合作、个性化服务、文化休闲服务、终身教育方面，仍是公共图书馆具有较大发展空间的服务拓展板块。此外，受地区经济发展水平差异的影响，国内欠发达地区在寻找合作资源、合作对象上存在着较大困难，县区级公共图书馆在数字化阅读和信息服务上缺乏资源优势，建设推广速度缓慢，如何在“十四五”期间推动各级各类图书馆之间的互帮互助与协助，开拓欠发达地区公共图书馆资源吸纳渠道将成为重要任务。

5.2 国外公共图书馆服务创新的案例与发展趋势

面对我国公众日益增长的精神文化需求，以及社会经济发展与信息技术发展等外部因素对图书馆传统服务带来的冲击，我国图书馆对创新发展的需要日益强烈。在这样的背景下，批判地借鉴、学习国外公共图书馆服务创新的经典案例、了解相应的趋势，是有一定的意义和价值的。

5.2.1 国外公共图书馆服务创新典型案例分析

5.2.1.1 服务理念创新

（1）开放理念

现代图书馆必须拥有足够开放的结构体系，使用户能够共同创造、定义空间和影响整体环境[①]。面对多重角色带来的机遇和挑战，公共图书馆可以尝试将开放理念融入建设改造和服务创新之中。一是在建设时更多地引入公众参与，根据用户意见和反馈进行有效调整和改造，使图书馆功能与用户需求相匹配；二是用开放的态度看待“非图书馆功能”，探索服务创新的可能和路径，满足公众对新一代图书馆的期待。

随着图书馆事业进入转型期，公共图书馆除了要发挥信息和知识中心的职能，同时也被公众赋予了更多期待，例如满足多元阅读的文化中心、作为家庭和工作之外的第三空间、鼓励交流和合作的创新中心等。于 2018 年 12

① 吴建中，程焕文，戴安娜，等. 开放　包容　共享：新时代图书馆空间再造的榜样——芬兰赫尔辛基中央图书馆开馆专家访谈［J］. 图书馆杂志，2019（1）：10-18.

月 5 日开放的赫尔辛基中央图书馆（Helsinki Central Library Oodi）被视为新时代公共图书馆的典范[①]，开放理念贯穿其建设过程，在功能设施和服务设计中也得到了生动体现。

赫尔辛基中央图书馆项目在启动之初通过“梦想树”活动邀请公众表达想法和参与规划，公众提供的约 2300 条意见为图书馆的高质量设计奠定了基础。在项目推进过程中，公众还通过图书馆建筑设计方案评选、参与式预算研讨会、图书采购讨论以及“中央图书馆之友”团队等互动，以积极主动的姿态参与图书馆建设的多个环节[②]。

在功能设施和服务设计方面，赫尔辛基中央图书馆内部以“一层交流空间、二层小众空间、三层阅读空间”分区，从空间和资源分配上弱化传统图书馆的借阅功能，突出更多的非图书馆功能[③]。富有创意的空间设计满足了不断发展的用户需求，各具特色的功能分区吸引了更多拥有不同需求的用户走进图书馆，在轻松愉悦的氛围中围绕工作、娱乐、休闲等主题分享知识和交流思想。开放的空间和服务，扩大了图书馆的文化辐射力，图书馆更好地扮演了城市文化中心的角色。自 2018 年 12 月 5 日开放至 2019 年 11 月 26 日，赫尔辛基中央图书馆接待的到访者超过 288 万人，被 IFLA 评为 2019 年度全球最佳新公共图书馆[④]。

（2）可持续发展理念

国际图联相信图书馆可以借助信息通信技术，提高全社会获取信息和知

①③ 吴建中，程焕文，戴安娜，等．开放　包容　共享：新时代图书馆空间再造的榜样——芬兰赫尔辛基中央图书馆开馆专家访谈［J］．图书馆杂志，2019（1）：10-18.

② HAAVISTO T. A dream come true of citizens—the New Helsinki Central Library［EB/OL］．［2020-03-24］．http://library.ifla.org/1790/.

④ Oodi Helsinki Central Library. Central Library Oodi's first year has been a success［EB/OL］．［2020-03-24］．https://www.oodihelsinki.fi/en/central-library-oodis-first-year-has-been-a-success/.

识的水平，从而促进可持续发展并改善人民生活[①]。国外公共图书馆在提升公民与社区参与、支持就业和经济发展两方面进行创新，以此支持可持续发展理念的实现。

作为平等、开放的公共空间，公共图书馆是公众参与社会生活、开展社区对话的良好平台，提升公民的社区参与水平是公共图书馆可持续发展理念的重要内容。加拿大多伦多公共图书馆在2019年开发名为“了解你的投票”（Know Your Vote T.O.）的网站，为广大选民提供其所在社区的候选人名单、候选人对城市议题的意见以及城市决策进程，方便选民了解选举动向和表达意见，进而加强地方公民的政治参与度[②]。美国莱克辛顿公共图书馆2017年与社区基金会、市政府、商会、公立学校等机构合作开展“在桌子上（On the Table）”项目，将公民参与城市规划的途径简化为社区对话，让社区成员在图书馆围绕城市建设问题展开讨论[③]，有效提升了社区图书馆的公民参与水平，是实现公共图书馆可持续发展的创新举措。

在支持就业和经济发展方面，公共图书馆提供了技能培训和就业咨询等服务帮助公众更好就业，同时，图书馆也通过合作满足不同机构对特定领域的信息需求，在促进经济发展的同时也推动了公共图书馆的可持续发展。美国哈特福德公共图书馆发起“移民职业道路倡议”（Immigrant Career Pathways Initiative）项目，免费为移民提供食品、旅游和酒店行业的学习课程、实习和在职培训，帮助他们获得就业机会[④]，该项目被评为2018年城市图书馆委员会

---

① International Federation of Library Associations and Institutions.Access and opportunity for all：how libraries contribute to the United Nations 2030 Agenda［EB/OL］.［2020-02-28］.https://www.ifla.org/publications/node/10546.

② Toronto Public Library.Know your vote T.O.［EB/OL］.［2020-03-04］.https://www.urbanlibraries.org/innovations/know-your-vote-t-o.

③ Lexington Public Library.On the table［EB/OL］.［2020-02-28］.https://www.urbanlibraries.org/innovations/on-the-table.

④ Hartford Public Library.Immigrant career path ways initiative［EB/OL］.［2020-02-29］.https://www.urbanlibraries.org/innovations/immigrant-career-pathways-initiative.

最佳创新案例之一。澳大利亚洛根市图书馆与其他机构合作，在就业率较低的社区举办“就业准备”工作坊，为产后重返职场的母亲、经历失业潮的企业主和工人提供数字素养和技能培训，帮助他们重新融入职场[①]。美国罗切斯特公共图书馆围绕市场和风险投资、小企业发展和接受政府赠款资质开展商业参考咨询，这一项目不但将商业人士带入了图书馆，同时也为企业带来可观的投资回报[②]，被评为2016城市图书馆委员会最佳创新案例之一。

公共图书馆作为向公众提供信息的重要机构，应为实现可持续发展目标积极承担职能，发挥优势。国内图书馆在制订长期规划时应将可持续发展理念融入其中，综合考虑规划目标、内容和实现途径；为公众提供联合国可持续发展目标的实时信息和相关内容，提高公众的关注度和参与度；联合各方力量为公众参与社会事务、持续提升个人素养、促进经济健康增长提供帮助。同时，我国公共图书馆在就业支持服务方面还有较大发展空间，尤其是针对特殊时期（如突发公共卫生事件、重大自然灾害后）低收入群体的就业支持和指导服务，图书馆应制订可持续的就业服务保障计划，帮助待就业 / 失业群体提高职业技能和岗位匹配能力，有效解决“就业难”问题，从而促进社会经济的可持续健康发展。

（3）社会包容理念

信息技术的高速发展加速不同文化的融合，同时也在拉大不同认知层次之间的差距。对此，一些国外公共图书馆从帮助少数族裔融入本地社区和改善原住民处境两方面着手，为宣传社会包容理念、提升社会包容度而努力。

帮助多元族裔融入本地社区是公共图书馆促进种族平等和社会包容战略

---

① IFLA.Public libraries support development through access to information［EB/OL］.［2020-02-29］.https://www.ifla.org/files/assets/hq/topics/libraries-development/documents/public-libraries-brief.pdf.

② Rochester Public Library.Reimagining business reference in a mid-sized city［EB/OL］.［2020-02-29］.https://www.urbanlibraries.org/innovations-old/2016-innovations/workforce-and-economic-development/reimagining-business-reference-in-a-mid-sized-city.

目标的重要策略。洛杉矶公共图书馆在2012年“公民之路”项目成功的基础上，于2018年启动“新美国人倡议计划”（New Americans Initiative），在六个图书馆成立中心区，提供入籍申请辅助、19种语言的权利信息卡、财务指导、承租人法律服务和工人权利信息咨询等服务[①]。麦迪逊公共图书馆于2017年与福特公司、威斯康星大学麦迪逊分校以及其他机构合作举办“嘻哈建筑训练营”（Hip-Hop Architecture Camp），邀请黑人居民重新设计理想的黑人社区，以此提升少数族裔对城市建筑和规划的参与度[②]。

由于历史、政治和文化原因，部分国家和地区的原住民在社会生活中处于较为被动的境地，因此提供和完善原住民服务也是公共图书馆服务重点之一。加拿大卡尔加里公共图书馆在2017年组建原住民服务团队，2019年成功实现原住民服务新倡议：新建原住民语言资源中心、推出用原住民语言撰写的儿童读物以及发行两款限量版原住民读者卡，以此提升原住民的认知度和归属感[③]。在澳大利亚新南威尔士州，公共图书馆的原住民服务也十分突出：塞斯诺克市图书馆举办的“我是否有原住民家族史”工作坊受到热捧，麦格理湖图书馆与当地原住民团体合作为讲故事活动制作带有原住民特色的被罩，另外还借助IDX Flint项目，以机器人、3D打印和VR技术等激发原住民青年群体的创意和才华[④]。除了为原住民用户提供基本服务，澳大利亚公共图书馆在每年的“全国和解周”（National Reconciliation Week）会与原住民社区合作举办大量宣传活动，加深公众对原住民文化的认识和认可，加强原住民与非

---

① Los Angeles Public Library.New Americans initiative［EB/OL］.［2020-02-28］.https://www.urbanlibraries.org/innovations/new-americans-initiative.

② Madison Public Library.Hip-hop architecture camp［EB/OL］.［2020-02-29］.https://www.urbanlibraries.org/innovations/hip-hop-architecture-camp.

③ RITCHIE M L.Celebrating indigenous cultures with new library initiatives［EB/OL］.［2020-03-04］.https://www.urbanlibraries.org/search?q=indigenous.

④ Australian Library and Information Association.Improving library services for Aboriginal and Torres Strait Islander peoples［EB/OL］.［2020-03-04］.https://www.alia.org.au/sites/default/files/Indigenous%20collections%20and%20services%202019%20report_FINAL.pdf.

原住民的交流与合作。

公共图书馆作为免费开放的公共空间，在促进社会包容方面有其责任和优势。公共图书馆应当秉持平等、开放、共享的理念向社会公众提供服务，促使社会包容成为公共图书馆人的职业价值观，将社会包容理念渗透到服务设计中；在实际工作中关注和关爱弱势群体用户，为不同语言和文化群体的对话与合作提供契机和平台，促进不同群体之间的理解和尊重。

5.2.1.2 服务内容创新

（1）公民素养提升

时代革新意味着公共图书馆所肩负的教育职能应有所转变。面对公众日益丰富的自我提升需求，国内公共图书馆在探索教育服务创新时应更多地关注新时代公民素养的内涵和要求，积极宣传公民素养的意义和精神，持续传递提升素养的价值和资讯，免费提供培养素养的机会和途径。为帮助不同年龄层的用户实现自我提升和终身学习的目标，国外部分公共图书馆注重在服务和活动中融入与公民素养相关的内容，特别是学历提升和数字素养培育。

在现代社会，学历对求职就业和职业规划的影响越来越显著。面对文化水平参差不齐的多元人口组成状况，美国纽约皇后区图书馆向未能获得美国高中文凭的成年居民提供定制的学习材料，联系社会服务伙伴帮助他们消除学习障碍，并为成功获取文凭的学生举办毕业典礼仪式，该项目在三年间帮助 300 多名皇后区居民成功获得高中同等学历文凭，为他们择业、深造和参与社会生活等方面带来了实质改变①，被评为2016年城市图书馆委员会最佳创新案例之一。

日新月异的数字技术在带来便利的同时也带来了巨大挑战，特别是对

① Queens Library.Helping adults finally achieve that HS diploma[EB/OL].[2020-02-29].https://www.urbanlibraries.org/innovations/helping-adults-finally-achieve-that-hs-diploma.

“数字移民”群体。对此，国外公共图书馆策划了多种服务帮助成年用户提升自身数字素养，更好地适应数字社会。挪威卑尔根公共图书馆在2015年建设了语言和数字服务中心，为因信心不足而回避使用数字服务的成人用户提供多语言、一对一的指导和课程，帮助用户提升数字素养，更好地融入工作和社会①。为了宣传数字隐私保护，多伦多公共图书馆在公共计算机上安装可以使用户匿名上网的Tor浏览器，另外还从2017年开始在25个分馆中推行“保护你的数字隐私”（Lock Down Your Digital Privacy）公共教育课程②，该项目获得了2019年ALA国际图书馆创新项目主席奖。美国得克萨斯州弗里斯克公共图书馆在2019年开始提供人工智能工具包、培训课程和社区互动活动，让用户在家学习课程的同时可以直接接触人工智能技术③。

提升公民素养、促进用户阅读和学习、帮助用户提高信息获取能力是公共图书馆的重要使命。当前，我国对知识产权和个人信息保护的力度不断加大，为了进一步提高公民的知识产权意识、隐私意识，国内公共图书馆可以开展一些隐私保护和知识产权保护方面的活动和服务。

（2）青少年服务

公共图书馆致力于为不同年龄层的社区成员提供有针对性的服务，其中为青少年群体提供多种知识和技能的培训及辅导是重要内容之一，近年国外公共图书馆特别关注的是青少年行为辅导和创新能力培育。

青少年群体处于生理和心理急速变化的阶段，心理、认知和行为容易出现混乱和迷茫等问题。美国亚利桑那州的皮马县公共图书馆于2018年建立青

① IFLA.Public libraries support development through access to information［EB/OL］.［2020-02-29］.https://www.ifla.org/files/assets/hq/topics/libraries-development/documents/public-libraries-brief.pdf.

② MOREHART P.International innovators：ALA Presidential Citations honor forward-thinki-ngg lobal libraries［EB/OL］.［2020-03-06］.https://americanlibrariesmagazine.org/2019/07/17/international-innovators/.

③ Urban Libraries Council.Making artificial intelligence approachable［EB/OL］.［2020-03-05］.https://www.urbanlibraries.org/innovations/making-artificial-intelligence-approachable.

少年恢复中心，设立由多种族人群构成的志愿者理事会，对馆员、社区伙伴和青少年群体进行培训，共同制定行动规范，帮助青少年更好地学习合作和行为管理，降低对自我发展的焦虑[①]。

在创新能力培养方面，由公共图书馆组织的STEM素养培训可视为学校STEM教育的延伸和补充，以更低的门槛为社区青少年群体提供学习机会。丹佛公共图书馆于2015年与丹佛公立学校以及科技行业专家合作，为处于高危社区的图书馆提供一周免费夏令营，招募12—19岁的青少年与专业导师一起学习基本的网络开发技能[②]。美国霍华德县图书馆系统于2013年开设名为“Hi Tech”的STEM青少年数字媒体实验室，通过视频、音乐、游戏和电子书项目提供尖端的科学、技术、工程和数学（STEM）教育，还为参加者安排现场参观和互动实习等机会[③]。

面向青少年群体的服务已不局限于传统的阅读能力培养，公共图书馆在继续推进全民阅读的同时，也应与时俱进为青少年群体拓宽服务内容。一方面可以关注新时代下青少年群体的新需求，例如心理援助、人生规划等，为他们应对这些现象和问题提供咨询的机会和平台。另一方面是根据社会发展对青少年群体提出的知识和技能要求，增强对青少年信息获取能力和创新能力的引导和培养。

（3）健康服务

“健康”一直是深受公众关注的话题，近年来公共图书馆对健康服务也产生了浓厚兴趣，通过提供信息和资源响应用户对身心健康的需求。

在卫生健康方面，美国皮马县公共图书馆在2012年尝试与皮马县卫生署

---

① Urban Libraries Council.Revisiting 2018 top innovators: library restorative practices for youth[EB/OL].[2020-02-29].https://www.urbanlibraries.org/blog/revisiting-2018-top-innovators-library-restorative-practices-for-youth.

② Denver Public Library.DevCamp@Denver Public Library[EB/OL].[2020-03-05].https://www.urbanlibraries.org/innovations/devcamp-denver-public-library.

③ Howard County Library System.Hi Tech, the road to a STEM career[EB/OL].[2020-03-05].https://www.urbanlibraries.org/innovations/hitech-the-road-to-a-stem-career.

合作，邀请公共卫生护士进驻图书馆，为关注重大社会和行为健康话题的用户提供咨询服务，确保公共卫生服务信息更容易被获取，同时也为用户创造一个更安全、更友好的图书馆环境[①]。美国布劳沃德县图书馆在2017—2018年间针对两个分馆周边200个生活在“食物沙漠”中的贫困家庭推行“健康中心”试点项目，为全年龄段用户提供营养咨询、免费健身设备以及锻炼课程，帮助他们切实改善身体健康状况，以降低贫困处境对个人基本健康的影响[②]。

在心理健康方面，美国费城免费图书馆（Free Library of Philadelphia）从2013年开始提供查找和使用健康信息的技能指引，特别关注文化素养相对较低的群体，另外还与专业机构合作，邀请接受过专业培训的社工常驻馆内，为用户提供心理咨询和治疗指引[③]。考虑到移动设备的普及和便利，圣克拉拉县图书馆在2019年与Headspace合作，通过心理健康手机应用为全年龄段用户提供1000多小时的虚拟冥想课程，帮助他们缓解焦虑和压力，学习情绪管理[④]。

健康信息和资源的普及以及获取对提高公众生活水平有重大意义，公共图书馆在确保公众享受更好的公共健康服务方面可以发挥积极作用。国内公共图书馆首先应提高认识，逐步建立把健康服务纳入图书馆基础服务的观念。由于健康服务具有一定的专业性，结合国外实践经验，国内公共图书馆应当与相关机构和专业人士合作，可邀请有关领域专业人士进驻图书馆，为用户提供专业的健康咨询服务，普及公共卫生知识，提高公众的公共卫生意识，

---

① Pima County Public Library.Library nurses program［EB/OL］.［2020-03-05］.https://www.urbanlibraries.org/innovations/library-nurses-program.

② Broward County Library.BCL fit wellness centers［EB/OL］.［2020-03-05］.https://www.urbanlibraries.org/innovations/bclfit-wellness-centers.

③ REARDON S，MC CLINTOCK A，MORAN S，et al. Health strategies for public libraries：how the Free Library of Philadelphia addresses health barriers to literacies［EB/OL］.［2020-03-05］.http://library.ifla.org/1131/1/140-reardon-en.pdf.

④ Santa Clara County Library District.Lending mindfulness：A mental health App pilot［EB/OL］.［2020-03-05］.https://www.urbanlibraries.org/innovations/lending-mindfulness-a-mental-health-app-pilot.

助力我国公共卫生防控能力的提升。公共图书馆应发挥自身在公众形象、信息服务、聚合人群等方面的优势，开展倡导健康理念、引导健康行为、促进健康生活方式、提供权威健康信息、提升健康素养的服务活动[①]。

5.2.1.3 服务方式创新

（1）智慧图书馆服务

新一代信息技术的发展和应用催生了智慧图书馆服务，越来越多公共图书馆尝试利用先进的信息技术，以智能化手段感知、管理和满足用户需求。

定制型数字资源推送是大部分图书馆已着手开展的服务之一。美国辛辛那提和汉密尔顿县公共图书馆在2016年推出迎合读者个性需求的“热门”定制服务，即在用户选择自己关注的“热门作家”“热门电子书”和感兴趣的内容后，由馆员跟进并更新相关的资源资讯。此外，馆员还会根据对用户的调查结果，在Facebook等社交媒体上推送“月度CD”等个性化推荐[②]。史塔克县图书馆于2017年开发了包含电子馆藏、无线网络热点、无线打印和帮助服务的移动设备SmartKit。通过现场分发和媒体宣传，SmartKit被社区用户知晓和使用，在提高社区对图书馆数字资源和培训资源的认识的同时，也使数字馆藏的流通量有显著增长[③]。

发达的网络和多样化的设备终端不但使图书馆的基础服务智能化，也使图书馆的活动可以突破地区和时间的限制。美国斯诺岛图书馆2016年通过与TED合作，定期举办标志性的TEDx活动，提高公众对公共图书馆的认识，使其成为思想传播和信息分享的中心。除了千余名的到场观众，更多公众通

① 周晓英. 健康服务：开启公共图书馆服务的新领域［J］. 中国图书馆学报，2019（4）：61-71.

② The Public Library of Cincinnati & Hamilton County.We have the hots for you［EB/OL］.［2020-03-25］.https://www.urbanlibraries.org/innovations/we-have-the-hots-for-you.

③ Stark County District Library.Mobile device smart kits［EB/OL］.［2020-03-03］.https://www.urbanlibraries.org/innovations/mobile-device-smartkits.

过网络观看在线直播和往期回看，与图书馆保持持续互动[①]。

随着物联网、大数据、人工智能等技术的发展，智慧图书馆服务势必成为未来图书馆的建设和发展方向。国内公共图书馆可以以正在发展的数字图书馆为基础，考虑当前的实际发展状况，使技术能力与图书馆的当前需求和长远发展有效匹配，目前国内大型公共图书馆已基本具备开展如“定制型数字资源推送”等智慧服务的条件，因此，稍大型公共图书馆在智慧服务方面可以有进一步的探索和创新。另外，智慧服务也要求图书馆建立新型的馆员队伍，促进图书馆服务从人力密集型服务向知识密集型服务转变[②]。

（2）跨界融合

通过跨界融合，公共图书馆可以充分整合和利用资源，丰富服务内容，有效提升服务效能，因此与其他领域跨界合作已成为公共图书馆创新服务的主要方式之一，其中较为突出的是文化联合和文旅融合。

在文化联合方面，图书馆与博物馆以及美术、音乐、电影等领域的相关机构开展合作相对频繁。2019“世界图书之都”沙迦组织了大量文化活动，包括静默书展、“丝绸之路”主题图书展、沙迦国际图书展、XPOSURE国际摄影活动、国际儿童和青少年电影节、“超级英雄”庆典等，将鼓励阅读、追求知识的理念融入其中，让公众拥有文化体验的同时也可以享受图书。2018“世界图书之都”雅典认为一切皆可为“书”，不论形态或载体，因此举办的活动不但包括读书会、作家圆桌讨论、讲座、比赛等，还组织了音乐表演和在雅典露天电影节放映著名文学改编作品[③]。丰富的活动呼应了“书籍无处不在”的主题，也向公众展现了雅典重要的文化、知识和历史。

---

① Sno-Isle Libraries.TEDx Sno-Isle Libraries 2015［EB/OL］.［2020-03-03］.https://www.urbanlibraries.org/innovations/tedxsnoislelibraries-2015.

② 初景利，段美珍. 智慧图书馆与智慧服务［J］. 图书馆建设，2018（4）:87-92，97.

③ Greek News Agenda.Reading Greece | Athens–World Book Capital City of 2018［EB/OL］.［2020-03-25］.https://greeknewsagenda.gr/index.php/interviews/reading-greece/6675-athens-world-book-capital-city-of-2018.

此外，公共图书馆也尝试与文化之外的领域碰撞火花，文旅融合就是其中之一。对历年的“世界图书之都”当选城市来说，当选年的文化活动是促进旅游和文化发展的一大亮点，可以吸引大量游客探索城市的历史和文化魅力，提升游客的旅游体验。例如，沙迦当选“世界图书之都”期间举办的沙迦沙漠戏剧节、沙迦灯光节、沙迦伊斯兰艺术节，雅典举办的知名作者和插画者见面会、针对出版专业人士的工作坊、由艺术团体和艺术家带来的露天音乐会和街头表演等。

由上文可见，文旅融合作为新的增长点，展示了其在输出文化影响的同时带来经济效益的潜力。公共图书馆与其他机构合作并不局限于图书馆本身的业务，在立足自身资源和需求的前提下，跟不同领域跨界合作不但可以获取和利用更多资源，也可以在其他领域发出属于图书馆的声音，进一步宣传阅读、知识的文化魅力和价值。

5.2.1.4 服务机制创新

在服务机制、服务体制方面，由于国情差异较大，我国可借鉴的内容相对有限。但是，国外发达国家图书馆有一个经验是值得高度重视的，就是充分利用图书馆和阅读立法推动基层服务机制改革、促进基层图书馆服务提质增效。

对国外发达国家的图书馆立法，当前我国有许多研究，尤其在《中华人民共和国公共文化保障法》《中华人民共和国公共图书馆法》的立法前期研究中已经展开了深入的分析。但是，在完成宏观层面的立法之后，各个地方如何进一步实施，尤其是如何将立法精神和立法保障落实到基层，是非常值得重视的事情。以韩国为例，尽管其早年就推出《图书馆法》作为韩国图书馆的“基本法”，但作为一个相对宏大的政策文本，尽管关注到基层问题，其对中小型图书馆的保障和支持仍有明显不足。因此，在 2012 年，韩国又制定了《小型图书馆振兴法》（以下称《振兴法》）（于 2016 年修订），并推出《小型图书馆振兴法实施令》(以下称《实施令》)[①]。

在中小型图书馆和阅读立法的支持下，首尔市进一步制定了《首尔特别市图书馆及读书文化振兴条例》(以下简称《振兴条例》)。在《振兴条例》中，有第四章专门对“小型图书馆”进行了规范，是对《振兴法》的继承和落地。其中，第23条专门涉及“小型图书馆的振兴”，要求“市长为使地区居民积极参与小型图书馆的建立和运营，应采取以下的必要措施：①应支持建立小型图书馆，使当地居民能够自由平等地接触知识信息并利用这些信息；②鼓励民间资助活动，包括为振兴小型图书馆营造社会氛围和开展旨在促进社区居民参与的社会活动；③应努力建立小型图书馆和公共图书馆的合作机制”。第26条关注公共图书馆及小型图书馆的运作支持问题，具体来讲：市长可以补助公共图书馆及小型图书馆的设施改善及设立所需的部分经费；市长可以补助公共图书馆及小型图书馆的资料采购等所需的部分经费[②]。

在这一整体机制的支持下，韩国尤其是首尔地区的基层图书馆事业近年来取得了明显的发展，同时也有法可依地、系统地展开一系列中小型图书馆支援举措，例如，首尔市图书馆利用《“阅读首尔”图书馆及读书文化的综合发展计划(2012—2018)》(以下称《阅读首尔》)，构建起对首尔地区小型图书馆的三大支持计划，具体包括：馆藏支援、教育和咨询支援、文化活动支援。这一工作和国内的总分馆机制、体制建设有异曲同工之妙。

但总体来讲，国内和国外(尤其是欧美国家)的机制创新各成一体，直接借鉴存在一定难度。中国公共图书馆属于国家事业单位，国外公共图书馆由于其“官办民助”的特色，社会力量在图书馆运转中占据较大比重。国外公共图书馆各具特色，基层创新能力较强，如斯科基公共图书馆于2014年

---

① 李吉子,宋萍.韩国图书馆发展研究[M].北京:国家图书馆出版社,2018:342-345.

② 서울특별시도서관및독서문화진흥조례[EB/OL].[2020-03-09].http://lib.sdm.or.kr/information/서울특별시도서관및독서문화진흥조래(2018.3.22. 타법개정).pdf.

围绕“学习、获取和社区”重组了管理团队和机构部门，费城免费图书馆于2015年成立战略计划部，新部门开发了创新分析工具，希冀更专业、有效地管理和利用图书馆内部数据，推出创新服务方案。这些机制创新具有强烈个性化色彩，大多属于非政府行为，国内公共图书馆在借鉴经验的过程中必须结合我国制度实际，不能盲目照搬。

5.2.2 国外公共图书馆服务创新的特点与发展趋势

结合以上对国外公共图书馆服务创新典型案例的分析，得出国外公共图书馆服务创新具有以下特点和趋势。

（1）服务理念迭代发展，日益关注“人与社会”

国外公共图书馆服务理念颇具人文关怀，其重视“公民与社会的关系”，为“开放”“包容”理念赋予了与时俱进的时代内涵。赫尔辛基中央图书馆的建设践行了“开放”理念，该图书馆项目广邀公众参与馆舍建设、图书采购等图书馆建设的多个环节，以“第三空间”模式设计功能空间，各具特色的功能分区将有相似兴趣和需求的人聚集在一起，促进公众分享知识与交流思想。“包容”层面，在多元族裔的社会背景下，国外公共图书馆鼓励公民融入社会，促进民族平等与社会包容发展。洛杉矶公共图书馆启动“新美国人倡议计划”，为新入籍的公民提供基本生活指导；麦迪逊公共图书馆通过邀请黑人居民设计黑人社区，提升少数族裔对城市建筑规划的参与度；加拿大卡尔加里公共图书馆、澳大利亚新南威尔士州的塞斯诺克市图书馆和麦格理湖图书馆等公共图书馆专门针对原住民开展服务和活动。

（2）积极呼应社会需求，为用户提供特色服务

国外公共图书馆关注用户需求，其秉持可持续发展理念，以信息和知识改善民众生活水平，提升公民政治参与水平和个人素养，支持就业和经济发展，在社会经济文化发展中扮演了重要角色。加拿大多伦多公共图书馆通过

提供选举信息公开服务来提高地方公民政治参与度。作为学校教育的延伸补充，国外多所公共图书馆面向社会提供学历教育、素养教育、职业培训等终身教育。美国纽约皇后区图书馆向未能获得高中文凭的成年居民提供受教育的机会；为了帮助“数字移民”群体适应数字社会，挪威卑尔根公共图书馆、多伦多公共图书馆、美国得克萨斯州弗里斯克公共图书馆提供数字素养课程和推广活动；澳大利亚洛根市图书馆为产后重返职场的母亲、经历失业潮的企业主和工人提供数字素养和技能培训，帮助他们重新融入职场。国外公共图书馆还面向中小企业提供知识服务，美国罗切斯特公共图书馆围绕市场和风险投资、小企业发展和接受政府赠款资质开展商业参考咨询。为满足用户卫生健康和心理健康需求，美国皮马县公共图书馆、布劳沃德县图书馆、费城免费图书馆等公共图书馆纷纷开展活动提供健康服务。社会公众对获取科学的健康信息资源有极大需求，在这方面中国公共图书馆还应当学习借鉴国外先进经验。此外，国外公共图书馆致力于为不同年龄层的社区成员提供有针对性的服务，其中为青少年群体提供多种知识和技能的培训及辅导是重要内容之一。

（3）跨界合作成熟，文化联合广泛

国外公共图书馆与其他文化机构合作相对频繁，不同文化机构融合程度较深，联合举办了丰富多彩的文化活动。启动于 2001 年的“世界图书之都”项目是国际上最成功的图书与阅读推广项目，历年“世界图书之都”活动都充分体现了文化合作的魅力。2018“世界图书之都”雅典将“书”具象化在多种活动之中，举办的活动不但包括读书会、作家圆桌讨论、讲座、比赛等，还组织了音乐表演和在雅典露天电影节放映著名文学改编的作品。文旅融合是“世界图书之都”项目的一大特色。例如 2019“世界图书之都”的沙迦在当选年举办的沙迦沙漠戏剧节、沙迦灯光节、沙迦伊斯兰艺术节，既是文化活动，又可以吸引大量游客探索城市的历史和文化魅力。

（4）信息技术加持，智慧服务多样

“十三五”期间我国公共图书馆服务创新受信息技术影响较大，未来也将继续随着信息技术的发展为用户提供便捷高效的服务，智慧图书馆成为未来公共图书馆发展方向之一。国外公共图书馆同样利用先进的技术手段开展智慧服务。美国辛辛那提和汉密尔顿县公共图书馆在 2016 年推出迎合读者个性需求的“热门”定制服务，由馆员跟进用户的兴趣领域并推送个性化的资源资讯。史塔克县图书馆 2017 年开发了包含电子馆藏、无线网络热点、无线打印和帮助服务的移动设备 SmartKit。美国斯诺岛图书馆 2016 年通过与 TED 合作，定期举办标志性的 TEDx 活动，更多公众通过网络观看在线直播和往期回放，突破时空限制，与图书馆持续互动。

6 公共图书馆服务创新的战略思路

在本报告第二部分，课题组将目前公共图书馆服务创新的主要问题归纳为：创新氛围的营造与培育不足、创新经验的总结和推广不足、体制与机制的创新深度与广度不足、对创新技术的回应和应用不足。从本质上讲，这些问题的核心在于，创新仍未真正成为中国公共图书馆事业发展的驱动力，“创新自觉”仍在远方。

立足于现有的环境扫描、理论研究和案例分析，课题组认为，要解决上述问题，需要在“十四五”时期重视并全方位提振“服务理念—服务内容—服务方式—服务体制与机制”这一服务创新的完整链条，从社会化（社区化）、对象化、主题化等路径入手，展开公共图书馆服务创新的战略设计。具体来讲，需要将当前的“四点不足”进一步落实到“六个怎么办”之上（见表6-1）。

表6-1 创新战略的整体思路

存在不足	具体问题	对应战略
创新氛围的营造与培育不足	创新动力不足怎么办	重视人才为本、培育创新精神
	创新氛围不浓怎么办	营造良好环境，培育创新土壤
创新经验总结和推广不足	经验推广不够怎么办	增强制度支持，推动创新扩散

续表

存在不足	具体问题	对应战略
体制与机制的创新深度与广度不足	机制创新固化怎么办	推进社会参与，提高服务效能
	创新空间有限怎么办	推动多方合作，扩大创新机会
对创新技术的回应和应用不足	创新技术应用怎么办	接纳新兴技术，塑造创新未来

其中，“创新氛围的营造与培育不足”可能会导致创新主体在主观上出现“创新动力不足”的问题，也可能导致创新主体在客观方面遭遇“创新氛围不够浓厚”的问题；“创新经验总结和推广不足”直接对应“经验推广不够”的问题；“体制与机制的创新深度与广度不足”则可以从“深度”和“广度”两个角度进行拆解，在创新深度上的不足将导致“机制创新固化”的问题，而在创新广度上的不足则会限制“创新空间”；最后，“对创新技术的回应和应用不足”则直接对应“创新技术应用怎么办”的问题。立足上述具体问题，课题组根据已有的理论和实践成果，提出了对应的战略思路。

6.1 创新动力不足怎么办：重视人才为本、培育创新精神

人才是创新的基础，唯有提高员工的整体素质，培养员工的创新精神，才能支持图书馆服务创新。具有主观能动性的人是创新的源泉，因此图书馆员的素质和专业性是图书馆服务创新的重要因素。随着经济和技术的发展，许多知识密集型产业出现，公众的素质和要求也不断提高，图书馆需要更加专业的人才队伍来应对挑战。在国外许多国家，成为一名图书馆员需要经过专业学习和培训，并获得职业资格证书。

理念创新是实现图书馆服务创新的基础，也决定了图书馆员的专业化立

场与行动方向。图书馆员的理念体现专业化立场，决定行动方向。图书馆员只有将创新的理念植入心中，体现在专业化服务中，才能实现服务创新。同时，图书馆员专业化的知识水平决定了理念的实践程度。在创新创业服务中，图书馆员需要前沿的创新创业理论与实践经验；青少服务、健康服务等创新服务内容要求图书馆员具有专业的知识背景；智慧图书馆服务要求图书馆建立新型的馆员队伍，实现图书馆服务从人力密集型向知识密集型的转变。图书馆员的知识水平是实现服务创新的必要条件。

充分发挥图书馆员在图书馆服务创新中的作用，需要从加强职业认同感、规范从业资格与提高专业素质等几个方面着手。对事业的热爱是调动自身积极性与提高工作能力的基础，图书馆员只有更加热爱本职工作，才能在服务创新中发挥最大潜力。因此，图书馆需要营造良好的工作环境，建设具有向上氛围的工作团队，加强图书馆员的职业认同感。其次，服务创新要求图书馆员具有较高的受教育程度、专业素质与创新能力。目前国家没有专门的图书馆员职业资格认证制度，图书馆员素质参差不齐。图书馆界可学习与参考国外法律法规、行业指南与相关政策等，逐渐从单个图书馆、省市图书馆到国家图书馆等不同层面推动图书馆实现从业资格认证，对于新员工加强考核，对于现有员工加强培训、增加考核。除此之外，图书馆应加强对图书馆员创新能力的培训，可以组织员工学习创新的知识以及方法，共同研讨典型的创新案例，并在实践中给予员工空间发挥创新能力，实现理论学习与实践探索的结合。

6.2 创新氛围不浓怎么办：营造良好环境，培育创新土壤

创新环境是孕育创造与创意的土壤，图书馆服务创新需要联合各界力量，必须营造良好的环境鼓励创新。目前国家发布了一系列鼓励创新的政策文件，

既涉及国家宏观政策，也包含文化和旅游部、图书馆界颁布的政策。宏观上的政策为创新指引了方向，形成了良好的创新氛围。但是，图书馆在转型的关键发展节点需要可持续性的创新服务来重新塑造未来，需要营造良好的创新环境推动源源不断的创意。因此，为进一步支持和推动图书馆服务创新，需要建立更加具体的鼓励机制。

近年来，有许多图书馆在服务中突破创新，在业内成为引领和示范榜样。前有佛山市禅城区图书馆与嘉兴图书馆等开创的总分馆制度，现有苏州市独墅湖图书馆和武汉图书馆汤湖分馆打造的服务工业园区新模式。这些图书馆因勇于突破与大胆实践，在事业发展史中留下痕迹，不失为一种鼓励。为了号召更多机构与个人参与创新并使得创新可持续，业内协会联合有影响力的公共图书馆开始举办活动，公开征集创新创意项目，奖励提供出色创新作品的人员。目前中国图书馆学会公共图书馆分会联合广州图书馆、武汉图书馆等正在举办第二届公共图书馆创新创意征集推广活动，旨在“营造公共图书馆事业创新发展氛围，鼓励更多的机构和个人积极参与到图书馆创新创意工作中来”[①]。活动将会对参赛作品进行研究、讨论，公示入围名单与获奖名单，并提供平台展示与推广优秀案例，促进交流。这一活动让图书馆事业焕发出新的生命力。

营造更加良好的创新环境，需要国家和图书馆行业的宏观鼓励联动各个图书馆的内部激励。在宏观层面，对于在服务中有重大转型和创新并获得有影响力的反响的图书馆，政府可以联合行业组织和协会建立示范点，并投入奖励资金支持进一步发展以及推广、交流。在微观层面，图书馆内部需要营造良好的创新氛围，将创新、创意与员工绩效相结合，通过奖章、奖励金与职称评定等手段，鼓励为创新服务做出重要贡献的员工，以此激励出更多创新点子。

---

① 中国图书馆学会公共图书馆分会.创新引领未来—活动介绍[EB/OL].[2020-04-10].http://innovation.cnki.net/activity/gfcxcy/hdjs.html.

6.3 经验推广不够怎么办：增强制度支持，推动创新扩散

体制与机制的有效性对于提升图书馆的管理和服务效能非常重要，推动公共图书馆实现服务创新需要良好的制度基础。随着国家体制机制改革的不断深入，改革进入攻坚期与深水区，图书馆事业将会受到更深刻的影响，图书馆必须响应国家政策，紧跟国家发展步伐，实现领域内的制度改革。同时，随着我国图书馆事业建设逐渐由量变转入质变阶段，公共图书馆服务网络覆盖目标基本完成，接下来，为迎接高质量服务与创新服务的挑战，公共图书馆应注重顶层设计，共同塑造更好的制度基础和行业基础。

通过以往的发展，我国建立了较好的制度基础与行业基础。在“县县有图书馆”的目标基本实现后，以东部地区为代表，许多地方开始了总分馆制度探索与建设，以实现公共图书馆服务的均等化，并取得了不错的成绩。近年来，基层图书馆、基层综合文化服务中心等成为进一步发展基层文化的重要方式。同时，随着国家体制机制改革的深化，公共文化机构法人治理结构改革在图书馆领域取得了较大进展，许多图书馆推进了理事会组建工作。而以年度报告为主要实现形式的信息公开也受到学界、业内外的肯定，不仅保障了公众的知情权，也对图书馆的工作成果进行了有效宣传。这些制度的建立使得图书馆形成正面、良好的行业氛围，从而保障了未来工作能够持续、稳定推进。

未来实现公共图书馆服务创新，需要图书馆领域进一步推动和完善制度改革。在持续推进总分馆制度和基层图书馆、基层综合文化服务中心建设的同时，主题分馆建设需要得到重视，强调分馆与环境的“融合发展”，结合馆

址社会地理环境建设特色分馆，以满足不同群体的文化需求并深化图书馆的知识服务。从法人治理结构的实践效果来看，图书馆要充分发挥理事会在管理决策中的作用，并进一步明晰理事会与管理层、党组织和职代会等的权责关系[①]。信息公开是图书馆主动接受社会监督，更好提高服务能力，履行公共文化服务职责的重要手段，公共图书馆要自觉向社会公开工作总结、组织结构、服务结构、人才队伍与文献资源建设报告、社会参与状况等馆务信息与管理信息，积极主动接受社会监督、吸纳社会意见。

6.4　机制创新固化怎么办：推进社会参与，提高服务效能

为弥补政府投入公共图书馆事业的资金、人力不足，扩大图书馆的服务范围，提高图书馆的服务效能，我国图书馆支持与鼓励引入社会力量参与图书馆建设。2018 年颁布的《中华人民共和国公共图书馆法》要求“国家建立覆盖城乡、便捷实用的公共图书馆服务网络。公共图书馆服务网络建设坚持政府主导，鼓励社会参与”，国家鼓励通过社会力量共建图书馆服务网络。尤其是面对我国公共文化服务规模大、资金与资源分配不平衡的问题，基层图书馆更是需要社会团体、组织或机构以及个人的支持与帮助，实现我国基本公共文化服务标准化、均等化。

目前我国社会力量参与图书馆建设的模式主要分为向现有公共图书馆或其主办机构捐赠资源，公益性的独立运营的图书馆组织，半公益性的独立运营的图书馆组织以及非营利性或营利性的图书馆组织四种[②]，参与主体包括社

① 饶权.回顾与前瞻:图书馆转型发展面临的问题与思考［J］.中国图书馆学报,2020(1):4-15.

② 王素芳,于良芝,邱冠华,等.社会力量参与图书馆建设制度保障研究［J］.中国图书馆学报,2010(4):4-9.

会机构、私营企业与个人等。比较成功的社会力量参与案例包括广州黄埔区图书馆的“政府主导资源补给 + 企业园区自主运营 + 社会参与”的分馆建设模式，佛山市图书馆的邻里图书馆项目及其构建的“图书馆 + 家庭”阅读体系。除了通过提供资金、馆舍与设备等实体资源参与图书馆建设，现在业内也鼓励公众为图书馆发展提供建设性想法与思路，并参与图书馆管理。如芬兰赫尔辛基图书馆在建设之初建立“梦想树”活动，邀请公众参与图书馆的开发，为图书馆的空间、功能等设计出谋划策；在建设过程中，公众参与图书馆建筑设计方案评选，参与预算研讨会、图书采购讨论等活动。在深圳市福田区图书馆的法人制度探索中，社会公众和机构通过理事会参与对图书馆的管理和监督。

未来图书馆应强调扩大资金来源，开发新的筹资模式，更大力度吸引社会力量。通过财政支持、书籍与设备捐赠等方式推动公共图书馆发展；同时开发新的图书馆建设模式，充分动员家庭、社区、工业园区等各个社会群体和行业的资源共建基层图书馆；重视人的主观能动性，发挥公众参与图书馆设计、管理和监督的作用。

6.5 创新空间有限怎么办：推动多方合作，扩大创新机会

图书馆只有与文化行业内部及外部相关机构合作，才能更好地完成服务创新使命。在国家“互联网 +”的号召下，各领域不仅与互联网深度融合，随着学科和行业交叉与融合的趋势，领域间合作的广度和深度也有所增加。图书馆领域同样需要与文化行业内其他机构以及其他行业建立联系与合作关系，突破传统的服务范围，开发新的服务模式，同时发挥图书馆的优势推动自身与其他行业的共同发展，助力国家经济发展。

合作为公共图书馆事业建设打开了新视野。近年来，图书馆与文化行业内部的合作变得更加密切，除了与博物馆、档案馆合作，也与文化馆、工人文化宫、青少宫、科学馆与儿童活动中心等结成联盟，同美术、电影、音乐等领域的相关机构共同举办活动。2017 年，作为公共文化服务与科技融合典型案例的国家公共文化云投入使用。在与媒体合作方面，上海图书馆、河北省图书馆等公共图书馆与当地广播电视台共同合作打造文化节目。文旅融合是跨界合作的热点趋势，国内武汉图书馆推出“文化 + 旅游”“图书馆 + 景区”形式的活动，三联书店海边公益图书馆是将图书馆与旅游结合的成功典范。业内合作使得图书馆整合各方资源，增加了资源量，为公众提供了更高效、便捷的一站式服务。跨界合作帮助图书馆更广泛地进入公众的视野，塑造鲜活、灵动的形象。

公共图书馆应该继续加强与各个领域的合作，积极探索与传统媒体和新媒体的跨界合作；响应国家号召，参与公共文化联合工程建设，发挥图书馆体系在文化联盟中的核心作用，推动国家及各地的公共文化联合平台建设，打造高效数字化服务平台，向社会提供一站式、便捷的公共文化服务；探索文旅融合新发展模式，挖掘本区特色旅游景点、景区的文化价值并推出文旅融合主题活动，结合特色景区环境优势选择馆址，融入旅游文化元素，建造特色主题图书馆。

6.6　创新技术应用怎么办：接纳新兴技术，塑造创新未来

技术的发展改变了公众的生活方式，也对图书馆的服务模式提出了挑战。伴随着数字化的到来，图书馆界出现了许多争议，“图书馆消亡论”与“数字资源将会取代实体资源”等声音层出不穷，技术的冲击对图书馆造成了深刻

的影响。在这样的背景下，图书馆勇于突破传统，开发数字资源、建立数字图书馆，并推出了一些新的服务方式，如微信公众平台、伴随 NFC 技术普及而开发的移动读者证、WAP 网站、移动 APP 等。这些新的尝试积极回应了公众的需求，为图书馆带来了新的服务空间。

未来，随着 5G、人工智能与物联网等的发展与成熟，图书馆将会持续面临技术升级带来的转型困境。在“数字资源规模扩大，信息用户习惯于网络环境与原生数字内容，前沿科技与教育等领域已经形成以数字资源为中心的信息环境”的背景下，数字图书馆将继续成为图书馆服务创新的重要方面，催生新的服务模式和能力，创造新的服务环境[①]。在数字图书馆的基础上，智慧图书馆是学界与业内共同关注的未来发展重点。许多图书馆已经开展了定制型数字资源推送等智慧服务，5G 的普及将会为智慧图书馆建设提供更好的网络与通信基础，为图书馆带来无限可能。同时，《国际图联趋势报告》将人工智能列为四大技术发展趋势之一，人工智能技术将会为行业带来转型机遇，国家的智慧城市与智慧化公共服务计划将会是图书馆智慧化建设与服务的新契机[②]。

紧跟技术发展步伐，关注由此带来的信息利用环境的变化，积极响应用户信息需求，是图书馆实现服务创新的重要途径。我国数字图书馆建设应该在现有基础上寻求突破，扩大数字图书馆的资源范畴与整合广度、深度，在服务中嵌入语义技术、数据聚类技术、信息分析技术、检索技术等适应数据时代的技术，由被动式和等待式服务转变为主动推荐式服务[③]。下一发展阶段，智慧图书馆必将作为图书馆的重点建设和发展方向。我国图书馆应该利

① 张晓林，许旭．让数字图书馆驱动图书馆服务创新发展——读《国际图联数字图书馆宣言》有感［J］．中国图书馆学报，2010（3）：73-76.

② 饶权．回顾与前瞻：图书馆转型发展面临的问题与思考［J］．中国图书馆学报，2020（1）：4-15.

③ 苏新宁．大数据时代数字图书馆面临的机遇和挑战［J］．中国图书馆学报，2015（6）：4-12.

用 5G 技术加速智慧图书馆建设进程，创设智慧图书馆应用场景，将理论探讨与实际应用相结合。同时，第三代图书馆服务平台将成为新发展方向，搭建新的服务平台将更好地支持智慧应用，增强用户体验的舒适度、可用性与吸引力。

7　公共图书馆服务创新的目标与策略

根据上文的研究和战略思路，课题组拟提出“十四五”时期公共图书馆服务创新战略发展的总体目标和一系列对应的具体目标及行动策略。

7.1　公共图书馆服务创新战略发展的总体目标

通过推动图书馆服务领域的全行业创新、全面创新，让创新驱动成为推动新时期图书馆服务的基础动力，挖掘图书馆潜力，提升服务效能，满足社会各界对知识、信息与交流的需要，扩大图书馆的社会影响并进而获得政府与社会各界更多认同与支持。

7.2 公共图书馆服务创新战略发展的具体目标与策略

7.2.1 建立创新发展机制

策略一：完善公共图书馆创新服务制度

制度是公共图书馆各项服务的保障，建立以法律、法规、相关政策及地方章程为基础，各图书馆规章制度为落点的制度体系，能确保图书馆服务的有效推进和可持续发展，使图书馆服务有法可依、有章可循，有助于社会公众获得稳定和所期待的图书馆服务。随着《中华人民共和国公共图书馆法》《中华人民共和国公共文化服务保障法》等法律法规和各地图书馆条例如《广州市公共图书馆条例》等的出台，我国公共图书馆拥有了良好的制度基础。今后，主管部门应制定配套的法规政策和实施细则，以夯实图书馆的制度基础，加强各项制度对实践的指导价值；各地图书馆行业组织和图书馆也应根据自身特点制定本区域或本馆的规章，实现制度的上下衔接。

政府

—— 在《中华人民共和国公共图书馆法》总体框架下，针对各级各类图书馆的服务创新制定具体的条例和规章，或在有关条例和规章中充实服务创新内容。

—— 依据图书馆实际，对相关法律和法规中与图书馆服务创新有关的内容进行衔接和优化。

—— 各地因地制宜，制定本地支持和鼓励服务创新的条例和政策，或对已有条例和政策进行完善。

学会或协会

—— 图书馆学会或协会与总分馆的中心馆 / 总馆合作，制定本地图书馆服务创新指导意见，加强对本地图书馆创新发展指引。

各图书馆

—— 各图书馆制定和完善与本馆服务创新有关的规章制度，将图书馆法和上一级图书馆条例、政策等关于服务创新的内容落实到本馆的服务实践中。

策略二：建立公共图书馆服务创新推广机制

近年来，在一系列公共图书馆行业的学术研讨和案例征集活动中，一批可借鉴、可复制的公共图书馆创新服务案例相继涌现。为了推动、支持已有的创新改革举措在全国范围内复制推广，更好地贯彻落实创新发展理念、推进公共图书馆服务高质量发展，可由政府部门（含文化部门）、图书馆学会或协会为主在“十四五”时期在全国实施“公共图书馆服务创新推广机制建设项目”，实现公共图书馆事业的可持续发展，以创新手段促进现代公共文化服务体系建设。

政府有关部门与学会或协会

—— 在文化和旅游部指导下，以各地图书馆学会为依托，建立公共图书馆服务创新推广团队，由分管文化和旅游工作的领导任组长，相关负责人参加，并根据创新推广的重点内容设置委员会，成员由有关部门、地方政府、高等学校、科研院所等单位专家组成，负责公共图书馆服务创新战略规划和服务创新案例的搜集、评选、研究和经验推广。

—— 由文化和旅游部主导，制定“公共图书馆服务创新推广机制建设指导意见”，明确公共图书馆服务创新推广机制的建设原则、主要内容和整体推进路径，并由各地图书馆主管部门制定相应的地方创新管理办法或实施细则，明确地方要求。

—— 项目主要内容可包括：①建立创新评估标准；②建立创新案例征集和评选机制；③构建创新宣传渠道；④设立创新创意奖项。

—— 采取“成熟一批、推广一批”的原则，挖掘与图书馆职能，尤其是服务职能紧密相关、切中用户痛点的创新项目，每 1 至 2 年形成一批支持创新的改革举措，经文化和旅游部批准，通过多种方式在更大范围内复制推广。

7.2.2 构建创新发展路径

策略三：社会化—广泛吸纳社会力量参与图书馆建设和服务

政府是公共图书馆设立的主体，是公共图书馆各项资源和保障的主要来源，但由于政府投入的资源不可能无限制地增加，因此图书馆还应积极吸纳社会力量参与，借助社会资源弥补政府保障之不足，这在《中华人民共和国公共图书馆法》中已有体现。社会力量的引入能给图书馆带来丰富的资源，提升图书馆的办馆活力，但与国外相比，我国公共图书馆在引入社会力量方面明显不足，为此在“十四五”期间，公共图书馆应重点推进以下几方面的工作。

国家和地方政府

—— 制定鼓励社会力量办馆或支持图书馆发展的政策，对社会力量参与公共图书馆建设形成激励效应。

各图书馆

—— 探索图书馆资金和资源的多样化筹措途径，特别是欠发达地区图书馆，以解决公共图书馆投入的不足。

—— 形成图书馆建设的多主体模式，邀请社会力量投资和建设图书馆或分馆，例如推动企业园区分馆建设，发展企业园区自主运营分馆模式。

—— 在居民经常出入的地点以小型驿站或迷你图书馆方式建设图书服务点，邀请市民或村民担任“站长”或“馆长”，实施社会化管理。

—— 征集志愿家庭，实施邻里图书馆项目，建设小型家庭图书分馆，由当地图书馆提供资源和指导，由志愿家庭为附近居民提供免费服务。

—— 邀请社会力量如志愿机构、志愿者深度参与到图书馆的文化服务和活动中，建立制度化管理措施，通过项目设立、实施、评估和考核，提高社会力量参与图书馆建设的积极性。

—— 合作举办阅读推广、文化交流等相关活动。

—— 图书馆与社会文化机构共同推进公共文化服务，特别是社区和农村文化服务，以健康、高品位文化取代低俗和无聊文化。

策略四：主题化—推进主题分馆建设，探索多样化体系建设

随着公共图书馆服务体系的推进，许多图书馆都建设了分馆，满足了民众就近获取图书馆资源和服务的需求。在分馆数量不断扩大的基础上，“十四五”期间，公共图书馆应着力深化分馆内涵，面向基层建设特色分馆，以满足不同群体的文化需求。

各图书馆

—— 推动分馆与服务环境的“融合发展”，结合当地社会、行业、文化和地理等建设特色分馆，配置专题资源，配备专业人员，组织专门活动。

—— 积极推动社会力量参与，通过吸纳社会资本、资源以提高建设效率，探索社会合作与自建模式并存的建设方式。

—— 积极探索向企业商圈、党政机关、旅游景区等开展分馆建设和服务，推动馆藏资源的多样化利用。

策略五：对象化—全面实施分众服务项目

分众服务的目的是要在最恰当的地点，用最精确、最经济的方式把产品提供给最需要的消费者，最大限度降低成本和杜绝费用浪费，将营销的效力发挥到极致。公共图书馆是由公共财政保障运营的公益文化机构，自身资源有限，如何高效、经济地使用资源，同时最大限度地满足市民对文化的需要，是公共图书馆的题中之义。为此，“十四五”期间，公共图书馆可考虑将分众服务作为创新服务策略之一，高效率和高质量推广图书馆的服务。

各图书馆

—— 运用大数据技术和智慧技术，开展用户数据挖掘，对用户进行分组和画像，实施个性化定制和分众推荐，实现精准知识和信息推送。

—— 实施“分众阅读”服务，针对不同受众购置和推广适配资源，开展适应不同群体特点的阅读推广活动。

—— 实施分众咨询，根据不同用户的特点，以其能够和乐于接受的方式开展咨询和传递资源。

—— 发挥图书馆决策支撑优势，开展智库研究和服务，为政府决策提供智力支撑。

—— 加强企业服务，特别是中小企业服务，实现我国企业由劳动密集型向技术、知识密集型转变。

7.2.3 充实创新服务内容

策略六：推进公共图书馆资源和服务向基层下沉

随着国家对公共文化服务保障力度的加大，我国公共图书馆事业的服务资源日益丰富。在我国公共图书馆事业构成中，以街道（乡镇）、社区（村）图书馆及民办图书馆为代表的基层图书馆（室）属于重要组成部分，近年来也获得了较大发展，但由于基层图书馆自身体量限制，图书馆资源和服务在满足市民需求方面存在瓶颈。为此，公共图书馆有必要将资源和服务向基层下沉，使基层图书馆（室）可以借助公共图书馆的资源和服务提升自身服务能力，满足本地居民需求。“十四五”期间，应重点推进以下几方面的工作：

各图书馆

—— 实施图书流通或资源捐赠等，将资源延伸到基层公共图书馆（室），其中捐赠资源既可从公共图书馆自有资源中调拨，也可以向读者征集。

—— 县（区）级以上公共图书馆与基层公共图书馆（室）建立服务协作关系，实现读者证互认，实施通借通还。

—— 将基层公共图书馆（室）纳入公共数字图书馆服务网络，为基层公共图书馆（室）读者开通数字资源使用权限，实现数字资源同城服务。

—— 通过品牌延伸，将文化活动向基层公共图书馆（室）推进，加强与基层公共图书馆（室）在社会文化活动上的合作。

—— 对基层图书馆（室）员工开展业务培训，培养创新型、专业型人才队伍。

—— 建立专业馆员常规下沉制度，支持馆员到欠发达基层图书馆（室）进行业务交流，展开长效、深入的业务指导。

—— 通过共享讲座视频和在线课程的方式，使基层馆员和民众受惠。

策略七：优化“图书馆 +”服务模式

在以信息时代、知识社会的创新形态为代表的创新 2.0 背景下，图书馆与其他行业，特别是传统行业具备了融合发展的条件。图书馆是信息与知识枢纽，推进“图书馆 +”发展理念，使图书馆与其他行业实现深度融合，不仅能推动行业转型和升级，用信息和知识推动新业态的形成，也能为图书馆发展注入活力。“十四五”期间，公共图书馆可从以下几方面推动“图书馆 +”的实施：

基层图书馆（室）与分馆

—— 实施“图书馆 + 购物中心”“图书馆 + 书店”“图书馆 + 咖啡厅”等模式建设新馆、分馆。

各图书馆

—— 推动“图书馆 + 技术”，探索“图书馆 + 物联网”“图书馆 + 人工智能”等服务模式。

—— 推动“图书馆 + 文化”，拓展公共图书馆的文化服务体验，将公共图书馆建成集交流中心、学习中心、知识中心为一体的场所，融合全民学习、体验与交际休闲等特色功能，为民众提供“诗与远方”相统一的文化体验，成为民众感受多元文化魅力的殿堂。

—— 推动“图书馆 + 历史”，挖掘城市和社区历史特色，通过巡回展览、特色活动，加强民众对城市和社区历史的了解，提高民众的城市和社区归属感与自豪感。

策略八：加强对青少年的服务

近年来，我国公共图书馆在少儿服务方面较多关注小学及学前儿童，对青少年的关注偏少，影响了青少年的阅读发展。在“十四五”期间，应重点加强对青少年在以下方面的服务。

各图书馆

—— 为青少年提供心理辅导和成长规划服务，与学校、社区、家庭等密切合作，为青少年构筑一个积极、健康的成长环境。

—— 邀请青少年为同龄人推荐图书，提高推荐书目被青少年认可的程度。

—— 提高青少年阅读能力，帮助他们顺利度过由儿童阅读向成人阅读的过渡阶段。

—— 提高青少年的数字信息素养，增强他们的网络信息辨识能力，使他们能够正确利用网络获取有益信息。

—— 开展 STEM 等主题培训和实践活动，促进青少年科技文化素养发展和创新能力提升。

—— 提供青少年创客服务。

策略九：加强老年人服务

在“十三五”期间，我国公共图书馆为老年人提供了一系列的公共文化产品和服务，但服务面不足，服务深度不够，在“十四五”期间，需要进一步拓展和深化对老年人的服务。

各图书馆

—— 根据老年人身心特点，对图书馆服务设施和服务空间进行改造，提高图书馆对老年人的可利用性和亲和力。

—— 做好老年人线上服务，提供老年人专题资源，满足老年人足不出户阅读书刊的需要。

—— 针对老年人举办专门的活动，加强对老年人，特别是空巢老人的关怀。

—— 提升老年人的信息素养，增强老年人的信息辨识和查找能力，以加强自我保护，并能及时获得有用的信息，如健康信息等。

—— 为老年人提供手机、电脑、互联网、数字资源利用等方面的培训，提高老年人对数字设备和数字资源的使用能力，特别应加强对空巢老人的培训，方便空巢老人利用现代信息设备与子女沟通。

策略十：完善残障人士服务

近年来，我国公共图书馆大力夯实残障群体服务，采取了一系列措施为残障群体提供文化资源，在满足弱势群体知识和信息需求方面有较大发展。然而，残障群体的构成复杂，接受文化服务的意识不强，文化水平参差不齐，给公共图书馆开展服务带来挑战，我国公共图书馆的残障服务仍然有很大改进空间。随着公共图书馆服务理念的发展和服务手段的更新，公共图书馆具备了进一步提升残障群体服务能力的基础，为此在下一个五年规划期间，需要深入推进针对残障群体的文化关怀。

各图书馆

—— 对图书馆空间、网络平台进行无障碍改造，引入专门的无障碍设施、设备，提高图书馆对残障人士的服务能力。

—— 配置无障碍资源，满足残障人士文化阅读需要；引入无障碍阅读辅助软硬件，使残障人士可以阅读普通资源，扩大残障人士可获取的资源。

—— 条件许可的图书馆可精选残障人士需要的资源进行无障碍转换，制作如无障碍绘本、有声书 mp3 等无障碍资源，同时各图书馆加强合作，共同丰富残障人士可利用的资源。

—— 引入 VR、AR 等技术，为残障群体提供多感官图书馆服务指引。

—— 为残障群体开展上门服务，克服残障群体利用图书馆的物理距离障碍。

—— 加强残障群体与社会机构的联系，推进残障群体社会支撑机制的建设。

—— 向残障群体开展个性化定制信息素养培训项目，提高残障群体成员的信息能力。

—— 利用新型信息技术，实施口述电影等服务项目，推动无障碍阅读进入体系化建设轨道。

—— 广泛招募志愿者为残障人士提供适合残障人士特点的阅读服务，如针对视障读者的朗读服务。

—— 加大残障人士创客设备投入。

策略十一：探索新型健康服务

健康一直是社会各界关注的话题，新冠疫情的暴发，更加凸显了健康服务的重要。公共图书馆是知识与信息枢纽，健康资源是图书馆馆藏体系的核心组成部分，公共图书馆可以借助自身优势，加强与有关机构合作，倡导健康理念，提供健康信息，引导健康行为，促成健康生活方式，为社会各界提供各种健康服务。与国外相比，我国公共图书馆的健康服务仍然开展得很不够，为此在“十四五”期间，图书馆可从以下几方面推进这一工作。

各图书馆

—— 夯实和优化图书馆健康资源，精准配置资源，为用户构筑起完整和有效的健康资源体系。

—— 邀请公共医疗和卫生机构的医护人进驻图书馆，配置必要的健康和医疗器械，提供紧急护理服务，为用户创造一个安全、友好的环境。

—— 围绕健康举办专门的活动，如健康咨询、健康信息查找培训等，提高人们的健康意识，增强人们查找和利用健康资源的能力。

—— 加强与公共医疗卫生机构的合作，通过在医院设立分馆或借阅点，请医生在处方中开设书单等方式，为患者提供服务。

—— 推动阅读疗法，推荐专题书目，组织专场活动。

7.2.4 推动创新服务模式

策略十二：推动文化联合，实现融通融合

由于公共文化机构在服务性质、服务宗旨上具有相似性，在服务内容和服务范围上具有重叠，因此公共文化机构互相联合与合作是现代公共文化服务体系建设的要求，如图书馆与博物馆、图书馆与档案馆的联合。通过合作，一方面能实现资源共享，节约建设和服务成本，另一方面能实现优势互补，形成业务合力。在“十四五”期间，推进公共图书馆与其他公共文化机构的深入合作应成为文化联合发展的重点内容。

各图书馆

—— 与博物馆、档案馆、美术馆、音乐馆、电影院、文化馆 / 宫、科学馆、体育馆等机构建立公共文化服务联盟，促进资源多方流通和共享。

—— 加强公共图书馆与各公共文化机构在服务上的合作，建立不同类型的合作项目，发挥彼此优势，形成服务合力。

—— 在重点项目上，如历史文献和档案资料的数字化项目，加强与专业机构如博物馆或档案馆的合作，实现共同建设，成果共享。

政府主管部门

—— 推动地区性与全国性公共文化服务云平台或联合平台的建设，提高公共文化资源的供给效率。

策略十三：推动跨界融合，激发行业活力

推动图书馆与其他行业跨界合作，通过相互渗透、相互融合和相互支持，转变图书馆与其他行业的关系，特别是与竞争性行业的关系，借助优势互补和共生效应，拓展图书馆服务范围，扩大图书馆影响力，促进图书馆与其他行业共同发展，产生新的业务亮点和业务形态。“十四五”期间，公共图书馆可以从以下几方面推动图书馆跨界合作：

各图书馆

—— 探索图书馆与书店合作模式，激发行业活力，促进业务转型。

—— 探索图书馆与电视、广播电台、手机 APP 服务商等传播媒体的合作，如在电台开设读书频道。

—— 加强与社交媒体合作，利用社交媒体平台，扩大图书馆的服务面，提高图书馆的影响力。

—— 加强与企业园区、科技园区、科技孵化器等的合作。

策略十四：文旅融合发展

文化与旅游具有天然的亲和力。为增强和彰显文化自信，统筹文化事业、文化产业发展和旅游资源开发，提高国家文化软实力和中华文化影响力，2018 年 3 月，十三届全国人大一次会议批准设立中华人民共和国文化和旅游部，各地文化与旅游主管部门也逐步合并，这对于推动文化事业发展，促进文化产业和旅游业融合发挥了积极作用。作为重要的公共文化机构，公共图书馆应顺序国家发展政策调整，发挥自身优势，在下一个五年规划中，在促进文化与旅游融合方面有所作为。

各图书馆

—— 与旅游景区采取融合建设策略，结合特色景区环境优势选择馆址，建筑和设计融入旅游与文化元素，打造特色主题图书馆。

—— 挖掘本区特色旅游景点、景区文化价值，推出并推广文旅融合主题活动，如实施走读活动，邀请读者看一本书，观一个景点，加深读者对当地人文景观的认识。

—— 建设地方旅游资源专架，开展专题图书推广，设在景区的分馆可提供乡村或名胜旅游咨询等服务。

—— 探索地方特色旅游文化，借助 VR、AR 等技术提供文化体验服务。

—— 推动优秀文化与创意设计、旅游资源等的跨界整合，开发旅游文创产品。

附　录

附录 1　公共图书馆服务创新调查问卷

前言（略）

一、基本信息

1. 请问您所在的图书馆名称为：

____

2. 请问您在图书馆中担任的职务为：

____

3.［单选题］请问您所在的图书馆位于：

○东部　　○中部　　○西部

二、总体问题

1.［多选题］您认为，2015 年以来，国家或相关部门在哪些方面的宏观政策对图书馆服务创新产生的影响最大？

□大众创业、万众创新　　□“放管服”改革

□政务公开　　　　□互联网 +

□其他 ________________

2.［多选题］您认为，2015 年以来图书馆行业在哪些方面的政策体现了创新精神？

□总分馆体系　　　　□法人治理

□社会力量参与　　　　□图书馆 +

□文旅融合　　　　□基层公共文化服务

□其他 ________________

3.［多选题］您认为，“十四五”期间哪些社会环境因素会直接影响我国图书馆的服务创新？

□信息技术　　　　□经济形势

□国家安全　　　　□教育条件

□城乡问题　　　　□媒体发展

□其他 ________________

4.［多选题］您认为，“十四五”期间人民群众的哪些需求会直接影响我国图书馆的服务创新？

□阅读需求

□网络需求（主要指通过接入互联网以及利用互联网开展相关活动的需要。）

□休闲娱乐

□文化教育

□其他 ________________

三、服务理念创新

1. [单选题] 您认为，从 2015 年至今，我国公共图书馆领域在服务理念方面：

○有重大创新　　○有较大创新

○不过不失　　○较为保守

○极为保守

2. [多选题] 您认为，从 2015 年至今，我国公共图书馆行业的服务理念创新主要体现在：

□平等服务理念　　□普遍均等理念

□开放服务理念　　□共享服务理念

□包容服务理念　　□共创服务理念

□其他 ________________

3. 关于图书馆和案例：

您认为，目前在服务理念创新方面较有借鉴意义、可以在“十四五”期间推广到全国的图书馆和案例是：________________________

请您就该图书馆和该案例做简要的说明：________________________

4. [单选题] 您认为“十四五”期间服务理念创新对于我国公共图书馆领域是否重要？

○非常重要　　○重要

○一般　　○不重要

○很不重要

四、服务内容创新

注：本问卷中的“服务内容创新”，主要指图书馆在具体服务项目和内容供给方面的创新。

1.［单选题］您认为，从 2015 年至今，我国公共图书馆领域在服务内容方面：

○有重大创新　　○有较大创新

○不过不失　　○较为保守

○极为保守

2.［多选题］您认为，从 2015 年至今，我国公共图书馆行业的服务内容创新主要体现在：

□基层图书馆发展

□全民阅读与阅读推广

□未成年人服务

□老年人服务

□其他特殊人群服务（未成年人和老年人除外）

□专题服务与参考咨询

□数字化服务

□古籍与地方文献服务

□其他 ________________

3. 关于图书馆和案例：

您认为，目前在服务内容创新方面较有借鉴意义、可以在“十四五”期间推广到全国的图书馆和案例是：________________________

请您就该图书馆和该案例做简要的说明：________________________

4.［单选题］您认为“十四五”期间服务内容创新对于我国公共图书馆领域是否重要？

○非常重要　　○重要

○一般　　○不重要

○很不重要

五、服务体制 / 机制创新

注：本问卷中的“服务体制 / 机制创新”，主要指图书馆在运营和运作机制方面的创新，一般需要得到相关政策、法律和法规文本的支持。

1.［单选题］您认为，从 2015 年至今，我国公共图书馆领域在服务体制 / 机制方面：

○有重大创新　　○有较大创新

○不过不失　　○较为保守

○极为保守

2.［多选题］您认为，从 2015 年至今，我国公共图书馆领域的服务体制 / 机制创新主要体现在：

□总分馆体系

□法人治理

□社会力量参与

□图书馆 +

□文旅融合

□基层公共文化服务

□其他 ________________

3. 关于图书馆和案例：

您认为，目前在服务体制 / 机制创新方面较有借鉴意义、可以在“十四五”期间推广到全国的图书馆和案例是：________________

请您就该图书馆和该案例做简要的说明：________________

4. [单选题] 您认为“十四五”期间服务体制与机制创新对于我国公共图书馆领域是否重要？

○非常重要　　○重要

○一般　　○不重要

○很不重要

六、服务方式创新

注：本问卷中的“服务方式创新”，主要指图书馆在服务供给渠道、服务开展手段等方面的创新。

1. [单选题] 您认为，从 2015 年至今，我国公共图书馆行业在服务方式方面：

○有重大创新　　○有较大创新

○不过不失　　○较为保守

○极为保守

2. [多选题] 您认为，从 2015 年至今，我国公共图书馆领域的服务方式创新主要体现在：

☐移动服务　　☐公共文化云服务

☐跨界合作　　☐智慧服务

☐自助服务　　☐文旅融合

☐其他 ________________

3. 关于图书馆和案例：

您认为，目前在服务方式创新方面较有借鉴意义、可以在“十四五”期间推广到全国的图书馆和案例是：____________________

请您就该图书馆和该案例做简要的说明：____________________

4. [单选题] 您认为“十四五”期间服务方式创新对于我国公共图书馆领域是否重要？

○非常重要　　○重要

○一般　　○不重要

○很不重要

七、其他问题

1. 您认为，我国在公共图书馆服务创新方面还可以做些什么？

____

2. 您有什么其他的建议和意见？

____

附录 2　公共图书馆服务创新调查问卷分析报告

自 2020 年 3 月 11 日发起关于“公共图书馆服务创新”的调查问卷，截止至 2020 年 3 月 27 日，共收到来各图书馆馆长（含副馆长）64 人及各部门领导（包括主任、副主任、部门负责人等）的答卷 489 份，发放时间计 17 天，经过初步筛选，获得 334 份有效答卷，问卷的有效率为 68.30%，通过 Cronbach α 系数计算可知，问卷的信度为 0.753，大于 0.7，说明研究数据的信度良好。

本次问卷调查围绕“公共图书馆服务创新”展开，根据图书馆服务创新的总体情况和服务理念、内容、体制机制、方式四个具体方面的创新设计了五个板块的问卷内容。各个板块围绕国家过去五年来公共图书馆的创新程度和创新成果以及具体案例设计了一系列问题，并展望未来五年公共图书馆服务创新的方向和途径，为“十四五”期间更好地发挥公共图书馆服务体系的作用集思广益。

如下为本次调查的反馈分析。

本次问卷的调查对象共涉及 19 个省（自治区、直辖市），如图所示，其中参与人数排在前 3 位的分别为广东省（93 人，约占 28%）、陕西省（36 人，约占 11%）、河北省（34 人，占 10%），详见表 1。

参与问卷填写的人员，来自东部地区图书馆的占 41.62%，来自中部地区图书馆的占 23.95%，来自西部地区图书馆的占 34.43%。[以问卷第一部分（基本信息）第 3 题（请问您所在图书馆位于……）为划分和统计依据。]

表 1　调查对象所在地区分布

调查对象所在省（自治区、直辖市）	人数（单位：人）
广东省	93
陕西省	36
河北省	34
山东省	29
云南省	26
浙江省	25
湖南省	20
广西壮族自治区	18
湖北省	12
重庆市	12
黑龙江省	8
安徽省	6
福建省	5
北京市	3
甘肃省	2
山西省	2
上海市	1
辽宁省	1
贵州省	1
总计	334

一、总体问题

本次调查中绝大部分人（91.02%）认为 2015 年以来，国家或相关部门在“互联网 +”方面的宏观政策对图书馆服务创新产生的影响最大，约一半的人认为“大众创业，万众创新”同样发挥了重要作用。同时，也有人认为《中华人民共和国公共图书馆法》的通过和公共文化服务体系的建设等宏观政策也具有重要意义。

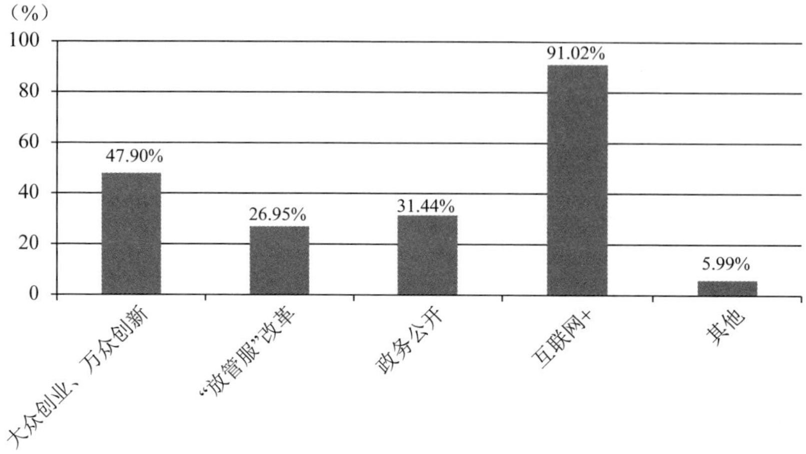

图 1　国家或相关部门的宏观政策对图书馆服务创新的影响各选项占比

有 60.48% 的人认为，2015 年以来图书馆行业在“总分馆体系”建设方面的政策体现了创新精神。有一半以上的人认为，“社会力量参与”（53.59%）和“图书馆 +”建设（52.69%）的成果也是创新精神的重要体现。

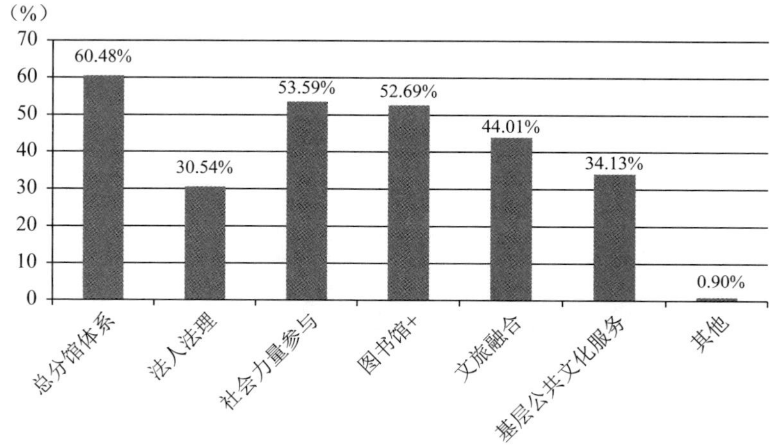

图 2　2015 年来对图书馆服务创新产生重要影响的宏观政策

大部分人（90.72%）认为“信息技术”将在“十四五”期间直接影响我国图书馆的服务创新，一半以上的人认为“媒体发展”（52.4%）、“经济形势”（54.79%）等也将成为影响图书馆服务创新的重要因素。同时也有人提出社会治理和政策法规的制定也能促进图书馆的服务创新。

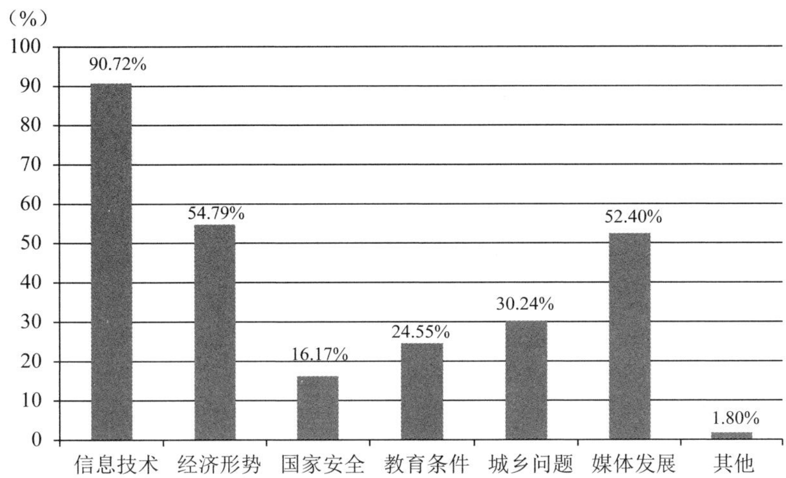

图 3　“十四五”期间可能直接影响我国图书馆服务创新的因素各选项占比

更好地满足人民群众的文化需求是图书馆服务创新的目标之一。调查显示，84.13% 的人认为“阅读需求”是“十四五”期间影响我国图书馆服务创新的重要因素，其次是利用互联网开展相关活动的“网络需求”（77.25%）和“文化教育”（63.47%）方面的需求，此外，“休闲娱乐”的需求为 41.62%。

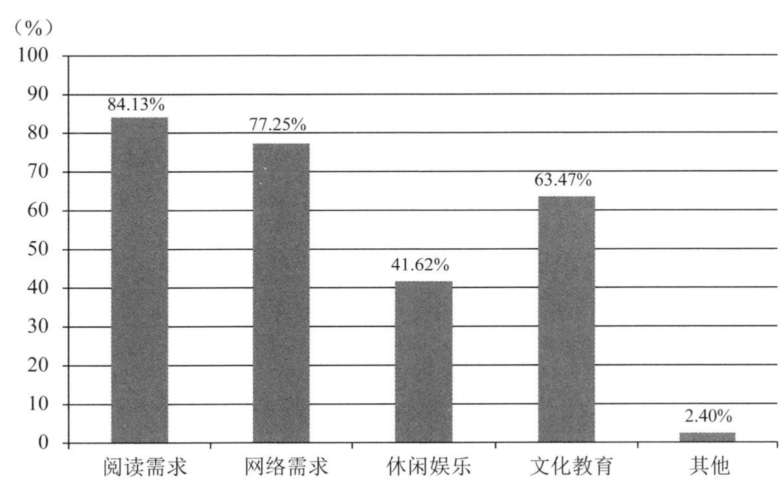

图 4　“十四五”期间可能影响我国图书馆的服务创新的用户需求各选项占比

二、服务理念创新

调查显示，65.78% 的人认为，2015 年至今我国公共图书馆领域在服务理念方面有较大创新，21.49% 的人认为取得了重大创新，7.16% 的人认为不过不失，少部分人觉得在服务理念创新方面仍较为保守。问卷分析过程中，设我国公共图书馆服务理念“有重大创新”为 5 分，“有较大创新”为 4 分，依次类推“极为保守”为 1 分，本题平均分为 4.03 分，表明大部分人对过去五年图书馆服务理念创新给予了较高评价。

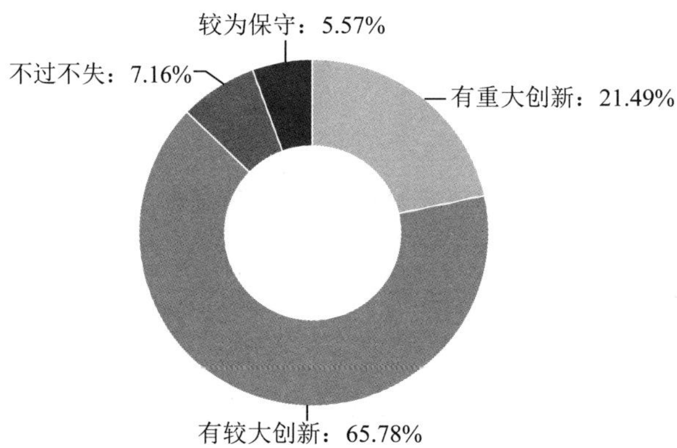

图 5　对 2015 年至今我国公共图书馆领域服务理念创新的评价各选项占比

大部分人认为，“共享服务理念”（77.84%）和“开放服务理念”（69.46%）是 2015 年至今我国公共图书馆行业服务理念创新的主要体现，平等服务普遍均等、共创服务的理念也有一定占比。

在调查对象的反馈中，认为当前在服务理念创新方面具有代表性的图书馆有国家图书馆、杭州市图书馆、佛山市图书馆、合肥市图书馆、广东省立中山图书馆等。这些图书馆的服务理念创新案例中主要包含文旅融合、信用公益借书新模式等，表 2 为部分代表性案例及简介。

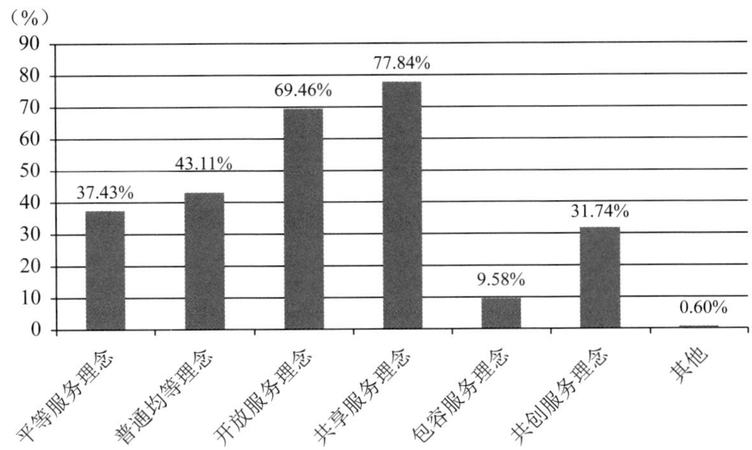

图 6　2015 年至今我国公共图书馆行业的服务理念创新各选项占比

表 2　图书馆服务理念创新推荐案例及其具体内容

序号	案例名称	服务内容	服务理念创新类型
1	国家图书馆数字共享资源	可远程访问和阅读共享的数字资源	开放服务理念 共享服务理念
2	杭州图书馆悦借服务	读者可以在书店选择自己喜欢的书寄到家	包容服务理念
3	合肥市图书馆悦书房	与支付宝蚂蚁金服旗下芝麻信用联手打造信用图书馆，面向广大市民推广免押金信用借阅服务，开启“信用＋阅读”公益借阅新模式	共创服务理念
4	株洲市图书馆 E 线送书	能够为方便读者，E 线送书到家	包容服务理念
5	广东省立中山图书馆流动分馆建设案例	该馆创办的流动图书分馆，不但解决贫困地区图书馆有新书借阅且促进基层图书馆的建设	包容服务理念

续表

序号	案例名称	服务内容	服务理念创新类型
6	佛山市图书馆城市书房、“邻里图书馆”	扩大服务范围，服务更多读者，不仅是阅读推广服务的创新，而且对于和谐邻里关系、和谐社会构建具有促进作用	包容服务理念
7	青岛市图书馆“青图驿站”	是由青岛市图书馆与社会组织合作建设的微型图书馆，其理念是政府主办、社会协办、共办共享。每个驿站针对不同的服务对象提供不同的服务内容	共创服务理念 包容服务理念

问卷分析过程中，设公共图书馆服务理念创新“非常重要”为 5 分，“重要”为 4 分，依次类推“很不重要”为 1 分，本题平均分为 4.64 分，表明大多数人认为在“十四五”期间，服务理念创新对于我国公共图书馆领域非常重要（70.06%），绝大部分参与调查的人员都认可服务理念创新的重要性。

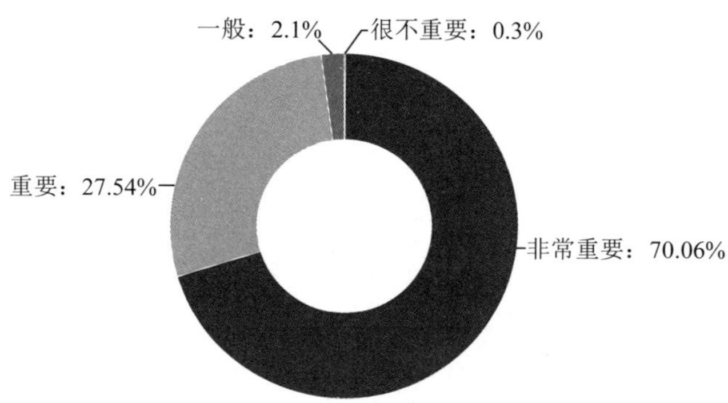

图 7 “十四五”期间服务理念创新的重要性各选项占比

注:“不重要”一项为 0%，故不列入图中。

三、服务内容创新

66.77% 的人认为，从 2015 年至今，我国公共图书馆行业的服务内容有较大创新，另有 23.08% 的人认为有重大创新。问卷分析过程中，设我国公共图书馆服务内容方面“有重大创新”为 5 分，“有较大创新”为 4 分，依次类推“极为保守”为 1 分，本题平均分为 4.08 分，表明大部分人对过去五年图书馆服务内容创新给予了较高评价。

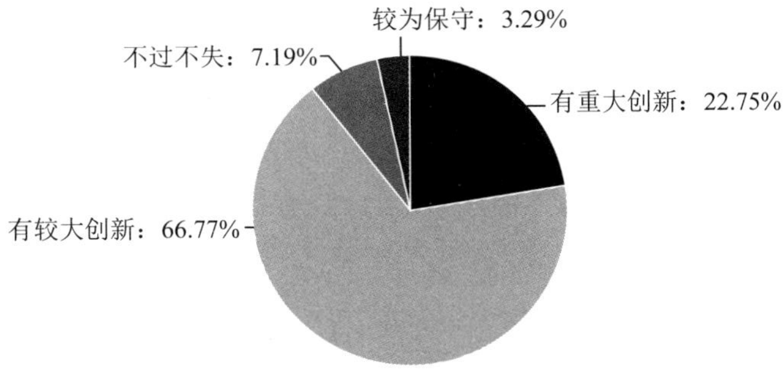

图 8　对 2015 年至今我国公共图书馆领域服务内容创新的评价各选项占比

注：极为保守一项为 0%，故不列入图中。

86.83% 的人认为，从 2015 年至今我国公共图书馆行业的服务内容创新主要体现为“全民阅读与阅读推广”，此外“数字化服务”（70.66%）和“基层图书馆发展”（44.01%）成效显著，也被认为是服务内容创新的重要组成部分。

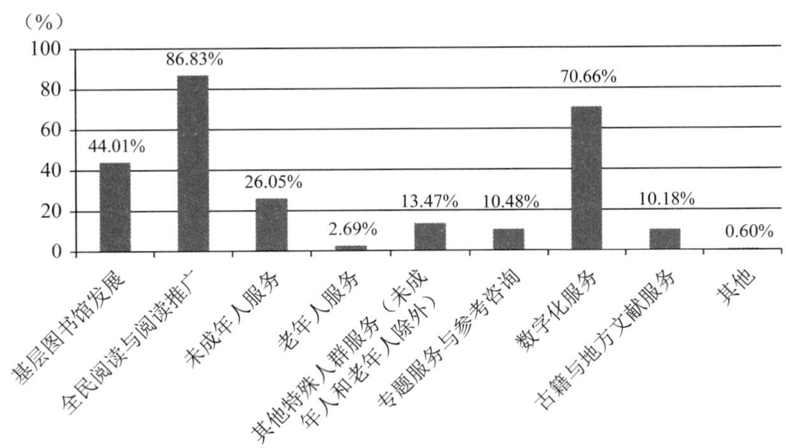

图 9　2015 年至今我国公共图书馆行业的服务内容创新内容各选项占比

在针对目前在服务内容创新方面较有借鉴意义、可以在“十四五”期间推广到全国的图书馆和案例的调查中，收到了包括甘肃省图书馆“陇上文化行”阅读推广活动、合肥市图书馆的“24 小时悦书房”、上海图书馆的第三空间建设、佛山市图书馆邻里图书馆、长沙图书馆青苗计划等在内的丰富反馈。表3为部分代表性案例。

表3 图书馆服务内容创新推荐案例及其具体内容

序号	图书馆案例	简介	内容创新类型
1	甘肃省图书馆“陇上文化行”阅读推广活动	能以多角度、多元化阅读推广服务方式弘扬优秀文化和书籍	全民阅读
2	上海图书馆的第三空间建设	公共图书馆空间再造有利于延伸公共图书馆职能	基层图书馆建设改造
3	长沙图书馆青苗计划	用多种方式跟踪3到18岁未成年人阅读习惯和行为，分析阅读对未成年人成长的作用	青少年服务
4	河北省图书馆口述记忆文献	通过河北名人名家的口述，记录他们在文化道路上的成就	全民阅读
5	南京图书馆的数字图书馆推广工程	是国家图书馆的项目，但是南京图书馆规划、推广的效果更好、更整齐	全民阅读 基层图书馆建设改造
6	青岛市图书馆24小时自助图书馆	24小时自助图书馆可以满足群众全天候阅读需求，目前，青岛市已在10个区（市）图书馆及一部分社区图书馆设立自助图书馆，就近满足群众	全民阅读
7	陕西省图书馆文旅融合云地标案例	通过实地树立二维码智能云地标，以地理位置提供附近公共文化服务信息及数字化资源，通过实体地标刺激和满足外地游客与本地居民的共同文化需求	全民阅读
8	浙江省图书馆信阅服务	读者网上点新书，包邮到家，阅后归还图书馆	全民阅读
9	深圳图书馆古籍保护宣传月	以研修班的形式，培训一批志同道合的志愿者，从听课到体验到对外拓展宣传形成良性循环	基层图书馆建设改造

绝大部分人认可了“十四五”期间服务内容创新对于我国公共图书馆领域的重要性，其中 65.27% 的人认为非常重要，33.83% 的人认为重要。问卷分析过程中，设公共图书馆服务内容创新“非常重要”为 5 分，“重要”为 4 分，依次类推“很不重要”为 1 分，本题平均分为 4.67 分。

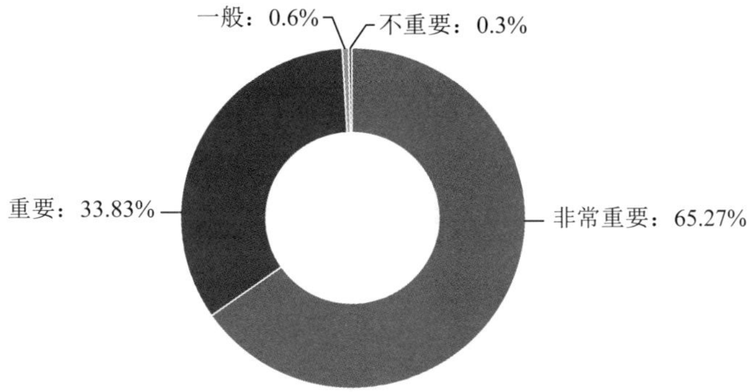

图 10 “十四五”期间服务内容创新的重要性各选项占比

四、服务体制与机制创新

22.46% 的人认为，从 2015 年至今，我国公共图书馆领域在服务体制 / 机制方面有重大创新，58.68% 的人认为有较大创新，另有 9.28% 的人认为在这一方面不过不失，9.28% 的人认为在这一方面较为保守。问卷分析过程中，设图书馆服务体制 / 机制方面“有重大创新”为 5 分，“有较大创新”为 4 分，依次类推“极为保守”为 1 分，本题平均分为 3.94 分，可见，与服务理念创新和服务内容创新相比，不少人认为服务体制与机制创新还有一定的创新空

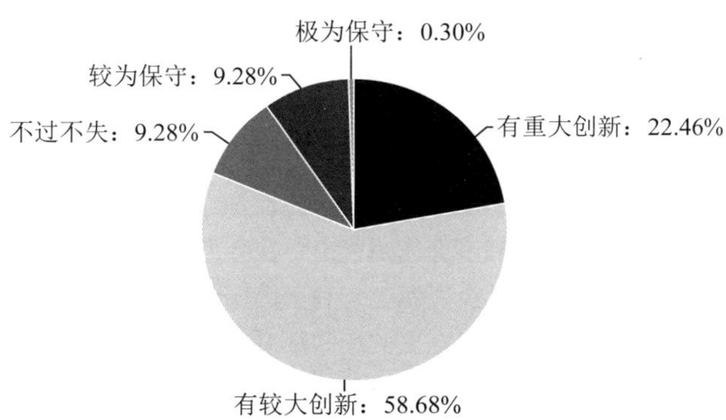

图 11 对 2015 年至今我国公共图书馆领域服务体制 / 机制创新的评价各选项占比

间，对其提出了更高的要求和期待。

在针对从 2015 年至今，我国公共图书馆领域的服务体制 / 机制创新主要体现的调查中，63.47% 的人认为“总分馆体系”创新成果显著，近一半的人肯定了“社会力量参与”（49.10%）和“图书馆 +”（42.51%）发挥的积极作用。

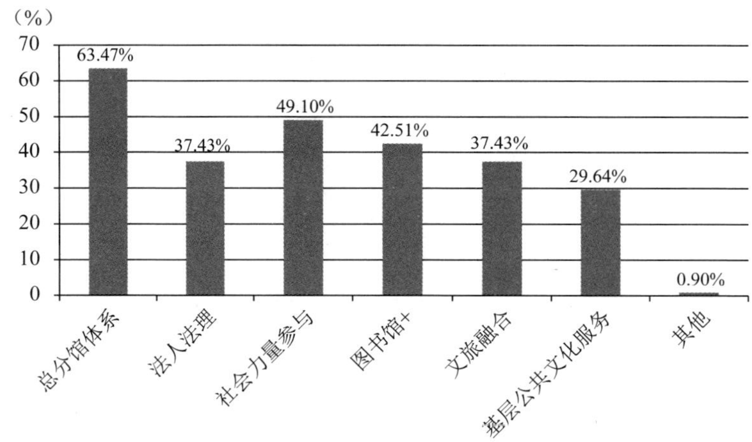

图 12　2015 年至今我国公共图书馆行业的服务体制 / 机制创新内容各选项占比

在针对目前在服务体制 / 机制创新方面较有借鉴意义、可以在“十四五”期间推广到全国的图书馆和案例的调查中，温州图书馆的图书馆理事会和社会力量参与、合肥市图书馆的“城市阅读空间”、温岭图书馆四级文献借阅服务体系等受到了重视。表 4 为部分代表性案例。

表 4　图书馆服务体制 / 机制创新推荐案例及其具体内容

序号	图书馆案例	简介	机制创新类型
1	温州市图书馆理事会和社会力量参与	图书馆理事会作用突出，社会力量的参与有利于整合社会资源，有利于倡导全面阅读有效开展，拓宽了全民阅读的渠道，减轻政府投入的压力，提升公共服务的质量	社会力量参与

续表

序号	图书馆案例	简介	机制创新类型
2	温岭图书馆四级文献借阅服务体系	汽车图书馆送书下基层，通过刷脸借还	总分馆制度
3	合肥市图书馆的“城市阅读空间”	坚持政府主导，突出公益性质，按照“馆店一体（图书馆 + 书店）、两业融合（文化事业 + 文化产业）、功能多元（阅读 + 休闲 + 展示 + 活动等‘4+x’功能）、双轮驱动（政府 + 市场）、构建网系（15 分钟阅读圈）、便民惠民”的思路，大力建设城市阅读空间	社会力量参与
4	台州市图书馆总分管建设	创立图书馆总分馆体制，实现资源共享	总分馆制度
5	佛山市图书馆“阅读联盟”“市民馆长”项目	佛山市图书馆成立佛山阅读联盟，充分发挥文化中枢组织联盟、业务统筹、展示平台、信息中心、孵化基地的职能，积极调动广大社会力量参与全民阅读推广“市民馆长”项目，旨在通过招募普通市民成为图书馆“馆长”，以文化志愿者的身份，参与到图书馆的管理当中	法人治理制度 社会力量参与
6	黄埔区图书馆总分馆服务体系建设	政府主导资源补给 + 园区企业自主运营 + 社会力量参与	社会力量参与
7	广州图书馆阅读联盟	资源共享、协同合作，联合社会力量举办各类阅读活动，推广阅读方法、提升阅读能力、培养阅读习惯、营造阅读氛围	社会力量参与

问卷分析过程中，设公共图书馆服务体制 / 机制创新“非常重要”为 5 分，“重要”为 4 分，依次类推“很不重要”为 1 分，本题平均分为 4.59 分，表明绝大多数人认可了“十四五”期间服务体制与机制创新对于我国公共图书馆领域的重要性，其中 38.32% 的人认为重要，60.48% 的人认为非常重要。

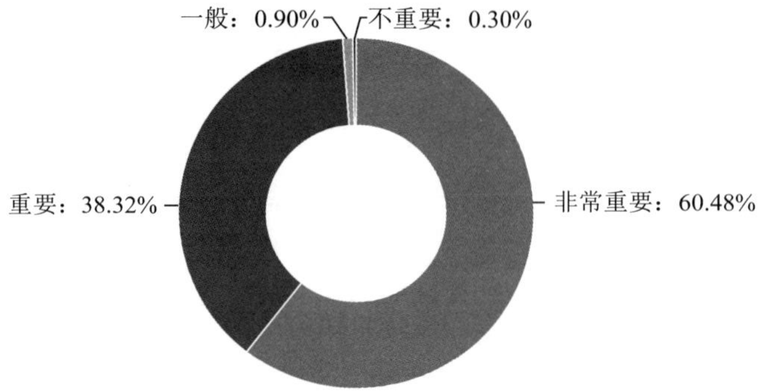

图 13 “十四五”期间服务体制 / 机制创新的重要性各选项占比

五、服务方式创新

26.35% 的人认为，从 2015 年至今，我国公共图书馆行业在服务方式方面有重大创新，62.87% 的人认为有较大创新，6.89% 的人认为不过不失，3.89% 的人认为较为保守。问卷分析过程中，设图书馆服务方式“有重大创新”为 5 分，“有较大创新”为 4 分，依次类推“极为保守”为 1 分，本题平均分为 4.12 分，表明大部分人对过去五年图书馆服务方式创新给予了较高评价。

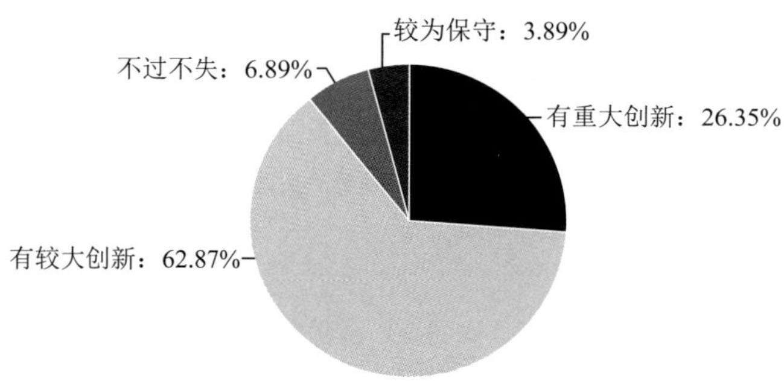

图 14 对 2015 年至今我国公共图书馆领域服务方式创新的评价各选项占比

随着信息技术的发展，“移动服务”（60.78%）、“自助服务”（52.40%）、“公共文化云服务”（46.41%）被认为是我国公共图书馆领域的服务方式创新的主要体现。其次，“跨界合作”“智慧服务”也受到了关注和重视，“文旅融合”方面的创新空间较大。

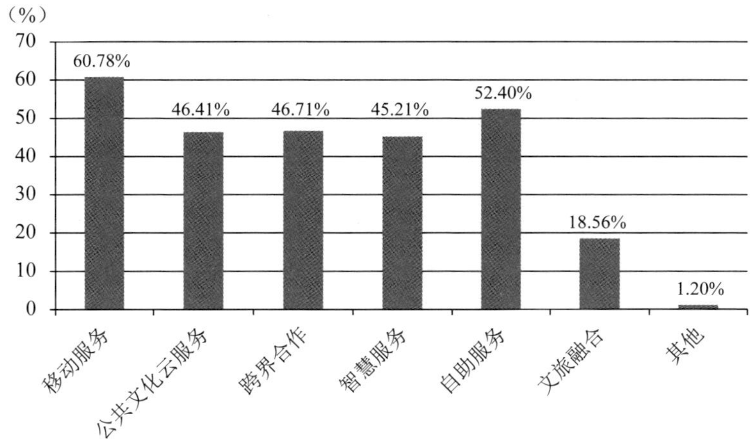

图 15　2015 年至今我国公共图书馆行业的服务方式创新各选项占比

在针对目前在服务方式创新方面较有借鉴意义、可以在“十四五”期间推广到全国的图书馆和案例的调查中，韶关市图书馆的风度书房建设、山西图书馆和杭州市图书馆的蚂蚁信用手机办证、武汉图书馆“武图之声”栏目和广东省文化和旅游厅的“粤书吧”项目等受到了关注和重视，表 5 为部分代表性案例。

表 5　图书馆服务方式创新推荐案例及其具体内容

序号	图书馆案例	简介	方式创新类型
1	山西馆用蚂蚁信用手机办证	借书证为虚拟证，借还书信用与个人信用挂钩	跨界合作形式
2	佛山市图书馆“网上办证”“扫码借书”“知书达里”服务	为了更加方便读者，佛山市图书馆通过现代信息技术，实现读者网上办证功能，提供扫码借书服务，图书馆服务更加自助化、智能化、便利化。2020 年即将提供“知书达里”网上借书服务，读者无须到馆，该项服务可以将图书送到读者家中	跨界合作形式

续表

序号	图书馆案例	简介	方式创新类型
3	合肥市少年儿童图书馆读者服务工作的“三个系列活动，两大品牌项目”	三个系列活动包括：①全国少年儿童阅读年；②汽车图书馆流动服务；③爱上阅读·爱上图书馆。两大品牌项目包括：①“流动的书香”——汽车图书馆服务偏远地区和留守儿童；②童悦绘本馆。	文化联合形式
4	官渡区图书馆“少儿棋乐园”棋文化趣味阅读活动	以象棋入门+布局的模式讲中国历史、讲核心价值观（小学年龄段读者）；以国际跳棋亲子趣味培训+亲子比赛带动家庭到馆参与阅读活动（幼儿园年龄读者）。棋艺入门和竞赛在图书馆适当开展能够实现读者群体的增量，而棋文化蕴含丰富的中华传统文化，活动的策划开展具有无限的可能	文化联合形式
5	韶关市图书馆，风度书房	以政府保障为依托	跨界合作形式
6	图书馆自助服务创新	目前自助服务相对比较新颖的就是读者线上买书，图书馆买单，这样的好处在于新书好书容易挖掘，把购书的权力也交给读者	移动服务形式

问卷分析过程中，设公共图书馆服务方式创新“非常重要”为5分，“重要”为4分，依次类推“很不重要”为1分，本题平均分为4.55分，表明绝大多数调查对象认可了“十四五”期间服务方式创新对于我国公共图书馆领域的重要性，其中42.22%的人认为重要，56.29%的人认为非常重要。

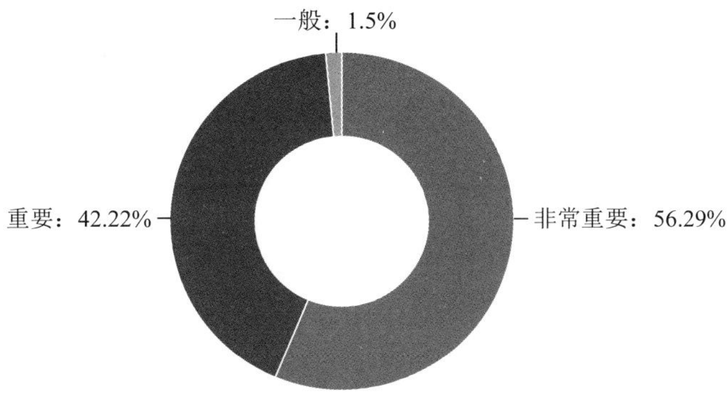

图 16　“十四五”期间服务方式创新的重要性各选项占比

六、服务理念、内容、体制与机制、方式创新的对比分析

由以上的统计数据可知，在针对过去五年公共图书馆服务理念、服务内容、服务体制与机制、服务方式创新程度的评价中，设“有重大创新”为 5 分，“有较大创新”为 4 分，依次类推“极为保守”为 1 分，服务理念创新的平均分为 4.03 分，服务内容创新的平均分为 4.08 分，服务体制与机制创新的平均分为 3.94 分，服务方式创新的平均分为 4.12 分。四者的分值差距不大，表明“十三五”以来我国公共图书馆在各方面的服务创新均有一定成果。而服务体制与机制创新的分值稍低，表明公共图书馆需要在“十四五”期间更加重视服务体制与机制的创新。此外，服务方式创新的平均分最高，体现了过去五年里服务方式创新取得了较为显著的成果，应继续促进服务方式在“十四五”期间更进一步的创新。

在调查对象对我国“十四五”期间公共图书馆服务理念、服务内容、服务体制与机制、服务方式创新对于我国公共图书馆领域的重要性的评价中，设“非常重要”为 5 分，“重要”为 4 分，依次类推“很不重要”为 1 分，服务理念创新的平均分为 4.64 分，服务内容创新的平均分为 4.67 分，服务体制 / 机制创新的平均分为 4.59 分，服务方式创新的平均分为 4.55 分，表明绝大多数调查对象认可了“十四五”期间公共图书馆各方面服务创新对于我国公共图书馆领域的重要性。

七、图书馆地理区位对问卷调查对象观念的影响

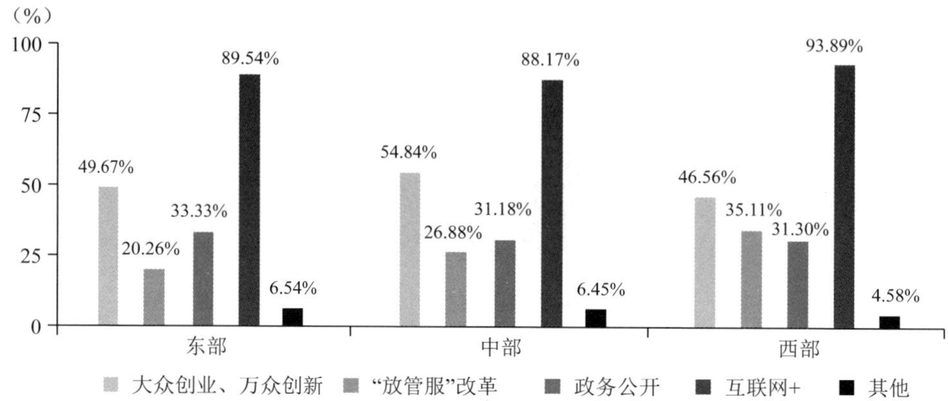

图 17　图书馆地理区位与国家宏观政策对图书馆服务创新影响程度关系

调查显示，东部、中部、西部地区图书馆普遍认为 2015 年以来国家或相关部门在“互联网 +”方面的宏观政策对公共图书馆服务创新产生的影响最大，其次是“大众创业、万众创新”。值得留意的是，东部和中部地区认为“政务公开”政策的影响更大，而“放管服”改革在西部地区的影响更大。

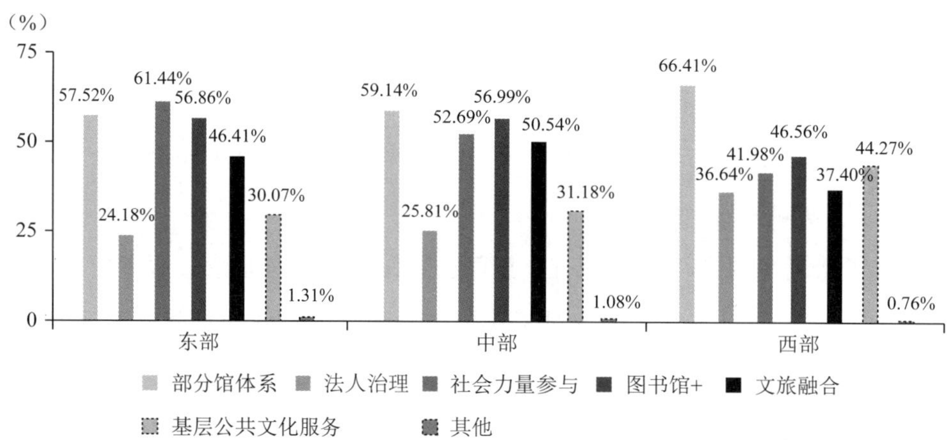

图 18　图书馆地理区位与体现图书馆创新精神政策的关系

调查显示，东部地区图书馆认为“社会力量参与”是“十四五”期间最能体现我国图书馆创新精神的政策，中部与西部地区则认为“总分馆体系”

建设更能够展现图书馆创新精神。

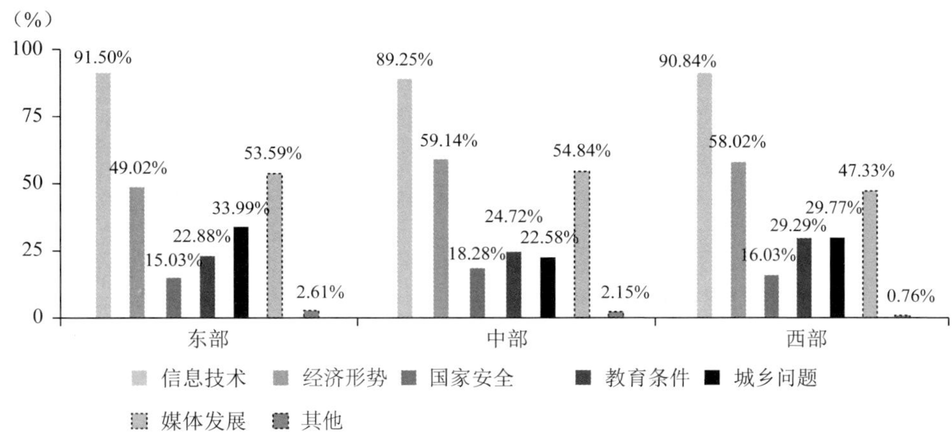

图 19 图书馆地理区位与影响图书馆服务创新的社会因素的关系

调查显示，东、中、西部地区图书馆普遍认为“十四五”期间“信息技术”这一社会环境因素最能直接影响我国图书馆的服务创新。除此之外，中、西部地区图书馆认为“经济形势”是“十四五”期间直接影响我国图书馆服务创新的重要社会环境因素。与中、西部地区相比，东部地区图书馆更重视“城乡问题”这一社会环境因素。

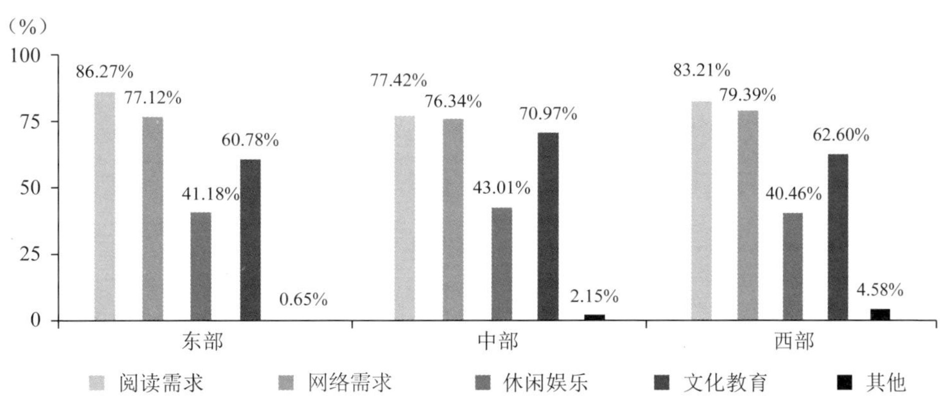

图 20 图书馆地理区位与人民群众需求的关系

注：网络需求主要指通过接入互联网以及利用互联网开展相关活动的需要。

调查显示，东、中、西部地区普遍认为“阅读需求”是“十四五”期间直接影响我国图书馆服务创新最重要的人民群众需求，其次是“网络需求”。

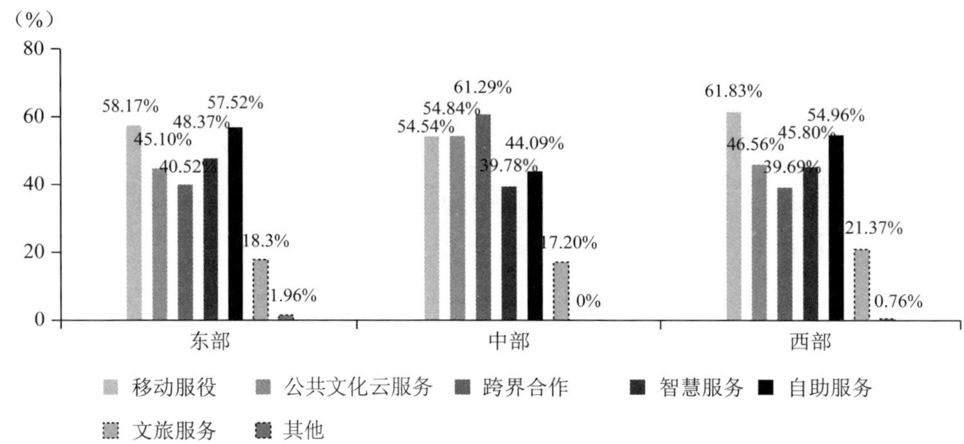

图 21　图书馆地理区位与服务方式创新的关系

此外，调查显示，东、中、西三地公共图书馆在服务方式创新上呈现出一定差异，东、西部地区图书馆认为从 2015 年至今，我国公共图书馆领域的服务方式创新主要体现在“移动服务”和“自助服务”两方面，而中部地区图书馆认为“跨界合作”是最突出的体现。

八、其他问题

在问卷的最后，课题组向参与问卷的各位图书馆同仁征求我国在公共图书馆服务创新方面的意见和建议。样本中，有 334 人对此问题进行了答复，通过词频分析，前五位的关键词分别是提高服务效能、转变服务方式、加强合作、文旅融合和服务理念，关键词分析结果如图 22。

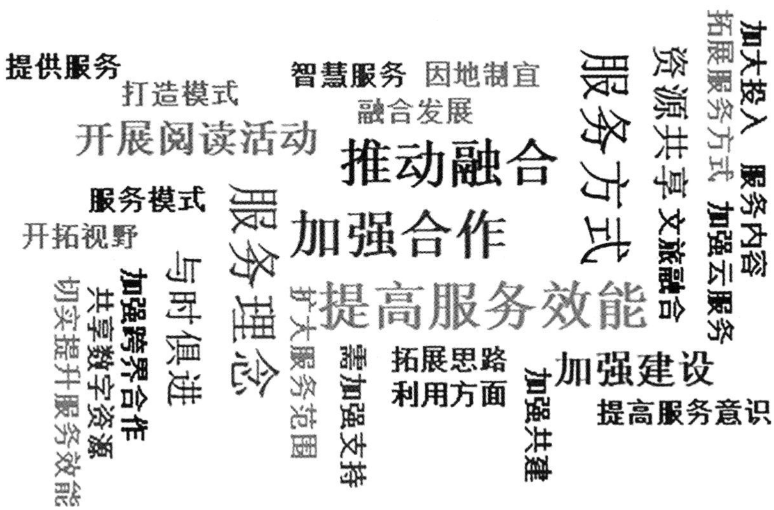

图 22　意见与建议关键词词频分布云图

表 6 为部分代表性建议。

表 6　问卷调查对象关于图书馆服务创新的意见与建议（节选）

序号	意见与建议
1	"互联网 +"环境下，推动移动互联网、云计算、大数据、物联网等先进技术与图书馆的融合，实现创新服务。
2	服务理念、服务内容、机制体制、服务方式应不断适应新的社会发展要求，进行切实可行的发展模式创新。
3	图书馆是一个集搜集、整理、保存、利用于一体的社会公益机构，服务应是融合图书馆基本职能后的科学服务。
4	全国各地公共图书馆都积极在服务理念、服务内容等方面开拓自己的服务范围，图书馆 + 各种新式服务为读者提供了方便，新信息技术发展为图书馆带来了机遇和挑战。
5	立足阵地服务，求真、务实……降低门槛，扩大阅读的有效需求，让老百姓能够真正感受到政府的送文化与群众的要文化结合起来，满足群众对公共文化服务的诉求。

续表

序号	意见与建议
6	文化与科技融合创新，图书馆可以利用现代信息技术，如大数据、区块链、5G、人工智能等，实现图书馆服务方式和服务内容的创新，建设智慧图书馆。
7	加强文化产业投入，特别是基层公共图书馆保障资金投入，在系统化改革公共图书馆体制条件下进一步完善和优化公共图书馆基础服务与服务创新职能。
8	图书馆与社会合作方面还需要加强。目前国内地区发展不均衡，欠发达地区很难找到合作资源，需要协调和支援……
9	学习美国的社区图书馆，缩小单体图书馆规模，扩大图书馆辐射范围，改小区活动室为小区图书馆，让放学的孩子能在图书馆完成作业和阅读。当然社区图书馆推进的瓶颈较多，应以立法的形式进一步规范。
10	实现个性化服务创新，利用大数据分析推送，更好地发挥公共图书馆的社会教育功能、信息服务功能以及文化休闲等功能。
11	加强数字化阅读和信息服务，但是受制于图书馆人才队伍的综合能力和经费不足，在数字化服务上县区级图书馆在资源数量和原创性上需要缓步跟进。借助新的网络技术在为残疾人群体的服务上争取能有新模式……
12	互联网时代，人们获取信息的途径发生了巨大变化，阅读不再局限于对图书、报纸等传统纸质文本的阅读，也包括对声音、视频、图像的接收以及在线下载和浏览。读书已经成为一种立体化获取信息的方式，而不是传统意义上的书本阅读。对此，公共图书馆馆员应教会读者如何利用馆藏资源进行定题检索、查询，并选取相关文本进行详细阅读。
13	“十四五”期间图书馆要体现支持社会发展的价值，在普遍均等、共建共享的理念下，与社会发展趋势和需求相结合，注重少儿、老年群体服务，强化图书馆与社区联系，根植社区，加强与用户联系。在终身教育、全民信息素养培养、传统文化传承、全民阅读推广等方面发挥积极作用。
14	在普遍均等服务的同时，重视用户的信息素养教育，加强参考咨询服务的发展，努力满足不同用户的信息需求。
15	加强文化产业投入，特别是基层公共图书馆保障资金投入，在系统化改革公共图书馆体制条件下进一步完善和优化公共图书馆基础服务与服务创新职能。
16	服务应该是跨界的，也应该是深入的。图书馆应该起到连接有特殊需求的人员和专业人士的桥梁作用，尤其是省级公共图书馆。

续表

序号	意见与建议
17	公共图书馆肩负着为社会开展社会教育、传递科学情报、提供文化娱乐的职能，公共图书馆服务要覆盖到社会不同的人群，特殊人群的服务仍然存在一定问题，还需要进一步完善。
18	未来图书馆服务创新应加强拓展和改善公共文化阅读空间、满足群众对文化的多元需求、有效利用社会资源、建设数字图书馆服务体系及充分利用新媒体等。
19	细化创新服务领域，在保证基本的大众化服务同时增加高端、分级别、精准的专业服务，提升公共图书馆服务的广度和深度。

（说明：编者对部分意见和建议进行了用语修正，以保证语句通顺。）

附录3　2015年以来我国鼓励创新的宏观政策文件

序号	发布年份	发布机关	文件名称
1	2011年	国务院办公厅	国务院办公厅关于进一步支持企业技术创新的通知（失效）
2	2015年	国务院	国务院关于促进云计算创新发展培育信息产业新业态的意见
3	2015年	中共中央、国务院	关于加大改革创新力度加快农业现代化建设的若干意见
4	2015年	国务院办公厅	国务院办公厅关于发展众创空间推进大众创新创业的指导意见
5	2015年	国务院办公厅	国务院办公厅关于创新投资管理方式建立协同监管机制的若干意见
6	2015年	中共中央、国务院	中共中央　国务院关于深化体制机制改革加快实施创新驱动发展战略的若干意见
7	2015年	国务院	国务院关于印发中国（广东）自由贸易试验区总体方案的通知
8	2015年	国务院	国务院关于印发中国（天津）自由贸易试验区总体方案的通知
9	2015年	国务院	国务院关于进一步做好新形势下就业创业工作的意见
10	2015年	国务院	国务院关于大力发展电子商务加快培育经济新动力的意见
11	2015年	国务院	国务院关于加快培育外贸竞争新优势的若干意见
12	2015年	国务院办公厅	国务院办公厅关于深化高等学校创新创业教育改革的实施意见

续表

序号	发布年份	发布机关	文件名称
13	2015年	国务院	国务院关于印发2015年推进简政放权放管结合转变政府职能工作方案的通知
14	2015年	国务院	国务院批转发展改革委关于2015年深化经济体制改革重点工作意见的通知
15	2015年	国务院	国务院关于印发《中国制造2025》的通知
16	2015年	国务院	国务院关于大力推进大众创业万众创新若干政策措施的意见
17	2015年	国务院办公厅	国务院办公厅关于支持农民工等人员返乡创业的意见
18	2015年	国务院办公厅	国务院办公厅关于运用大数据加强对市场主体服务和监管的若干意见
19	2015年	国务院	国务院关于积极推进“互联网+”行动的指导意见
20	2015年	国务院办公厅	国务院办公厅关于加快转变农业发展方式的意见
21	2015年	国务院办公厅	国务院办公厅关于同意建立推进大众创业万众创新部际联席会议制度的函
22	2015年	国务院	国务院关于推进国内贸易流通现代化建设法治化营商环境的意见
23	2015年	国务院	国务院关于印发促进大数据发展行动纲要的通知
24	2015年	中共中央办公厅、国务院办公厅	关于在部分区域系统推进全面创新改革试验的总体方案
25	2015年	中共中央、国务院	中共中央、国务院关于深化国有企业改革的指导意见
26	2015年	中共中央办公厅、国务院办公厅	中共中央办公厅国务院办公厅印发《深化科技体制改革实施方案》

续表

序号	发布年份	发布机关	文件名称
27	2015 年	国务院	国务院关于加快构建大众创业万众创新支撑平台的指导意见
28	2015 年	国务院办公厅	国务院办公厅关于推进线上线下互动加快商贸流通创新发展转型升级的意见
29	2015 年	国务院	国务院关于积极发挥新消费引领作用加快培育形成新供给新动力的指导意见
30	2015 年	中共中央、国务院	中共中央国务院关于落实发展新理念加快农业现代化实现全面小康目标的若干意见
31	2016 年	国务院	国务院关于印发“十三五”国家战略性新兴产业发展规划的通知
32	2016 年	国务院	国务院关于促进加工贸易创新发展的若干意见
33	2016 年	国务院	国务院关于同意开展服务贸易创新发展试点的批复
34	2016 年	国务院	国务院关于印发实施《中华人民共和国促进科技成果转化法》若干规定的通知
35	2016 年	国务院办公厅	国务院办公厅关于促进医药产业健康发展的指导意见
36	2016 年	国务院办公厅	国务院办公厅关于印发全民科学素质行动计划纲要实施方案（2016—2020 年）的通知
37	2016 年	国务院	国务院关于深化泛珠三角区域合作的指导意见
38	2016 年	中共中央办公厅	中共中央办公厅印发《科协系统深化改革实施方案》
39	2016 年	国务院	国务院批转国家发展改革委关于 2016 年深化经济体制改革重点工作意见的通知

续表

序号	发布年份	发布机关	文件名称
40	2016年	国务院办公厅	国务院办公厅关于完善国家级经济技术开发区考核制度促进创新驱动发展的指导意见
41	2016年	国务院	国务院关于印发上海系统推进全面创新改革试验加快建设具有全球影响力科技创新中心方案的通知
42	2016年	中共中央、国务院	中共中央　国务院关于全面振兴东北地区等老工业基地的若干意见
43	2016年	国务院办公厅	国务院办公厅关于印发促进科技成果转移转化行动方案的通知
44	2016年	国务院办公厅	国务院办公厅关于建设大众创业万众创新示范基地的实施意见
45	2016年	国务院办公厅	国务院办公厅关于深入推行科技特派员制度的若干意见
46	2016年	国务院	国务院关于印发2016年推进简政放权放管结合优化服务改革工作要点的通知
47	2016年	中共中央、国务院	国家创新驱动发展战略纲要
48	2016年	中共中央、国务院	中共中央国务院关于深化投融资体制改革的意见
49	2016年	中共中央办公厅、国务院办公厅	中共中央办公厅国务院办公厅印发《国家信息化发展战略纲要》
50	2016年	国务院	国务院关于印发“十三五”国家科技创新规划的通知
51	2016年	国务院办公厅	国务院办公厅关于印发消费品标准和质量提升规划（2016—2020年）的通知

续表

序号	发布年份	发布机关	文件名称
52	2016年	国务院	国务院关于印发北京加强全国科技创新中心建设总体方案的通知
53	2016年	国务院	国务院关于印发全国农业现代化规划（2016—2020年）的通知
54	2016年	中共中央、国务院	中共中央国务院印发《“健康中国2030”规划纲要》
55	2016年	中共中央办公厅、国务院办公厅	中共中央办公厅国务院办公厅印发《关于实行以增加知识价值为导向分配政策的若干意见》
56	2016年	国务院办公厅	国务院办公厅关于推动实体零售创新转型的意见
57	2016年	国务院	国务院关于深入推进实施新一轮东北振兴战略加快推动东北地区经济企稳向好若干重要举措的意见
58	2016年	国务院办公厅	国务院办公厅关于进一步开展创新政策与提供政府采购优惠挂钩相关文件清理工作的通知
59	2016年	国务院办公厅	国务院办公厅关于支持返乡下乡人员创业创新促进农村一二三产业融合发展的意见
60	2016年	国务院	国务院关于印发中国落实2030年可持续发展议程创新示范区建设方案的通知
61	2016年	国务院	国务院关于印发“十三五”国家信息化规划的通知
62	2016年	全国人民代表大会常务委员会	中华人民共和国公共文化服务保障法
63	2016年	国务院办公厅	国务院办公厅关于印发知识产权综合管理改革试点总体方案的通知
64	2016年	国务院	国务院关于印发“十三五”国家知识产权保护和运用规划的通知

续表

序号	发布年份	发布机关	文件名称
65	2016 年	中共中央、国务院	中共中央国务院关于深入推进农业供给侧结构性改革加快培育农业农村发展新动能的若干意见
66	2017 年	中共中央办公厅、国务院办公厅	关于创新政府配置资源方式的指导意见
67	2017 年	国务院办公厅	国务院办公厅关于创新管理优化服务培育壮大经济发展新动能加快新旧动能接续转换的意见
68	2017 年	国务院办公厅	国务院办公厅关于促进开发区改革和创新发展的若干意见
69	2017 年	国务院	国务院关于印发“十三五”促进就业规划的通知
70	2017 年	国务院办公厅	国务院办公厅关于创新农村基础设施投融资体制机制的指导意见
71	2017 年	国务院	国务院关于落实《政府工作报告》重点工作部门分工的意见
72	2017 年	国务院	国务院批转国家发展改革委关于 2017 年深化经济体制改革重点工作意见的通知
73	2017 年	中共中央办公厅、国务院办公厅	中共中央办公厅国务院办公厅印发《国家“十三五”时期文化发展改革规划纲要》
74	2017 年	国务院办公厅	国务院办公厅关于县域创新驱动发展的若干意见
75	2017 年	国务院办公厅	国务院办公厅印发关于深化科技奖励制度改革方案的通知
76	2017 年	国务院办公厅	国务院办公厅关于建设第二批大众创业万众创新示范基地的实施意见
77	2017 年	国务院	国务院关于印发新一代人工智能发展规划的通知

续表

序号	发布年份	发布机关	文件名称
78	2017年	国务院	国务院关于强化实施创新驱动发展战略进一步推进大众创业万众创新深入发展的意见
79	2017年	国务院办公厅	国务院办公厅关于加快推进农业供给侧结构性改革大力发展粮食产业经济的意见
80	2017年	国务院办公厅	国务院办公厅关于进一步激发民间有效投资活力促进经济持续健康发展的指导意见
81	2017年	中共中央、国务院	中共中央国务院关于营造企业家健康成长环境弘扬优秀企业家精神更好发挥企业家作用的意见
82	2017年	国务院	国务院关于印发国家技术转移体系建设方案的通知
83	2017年	中共中央、国务院	中共中央国务院关于对《北京城市总体规划（2016年—2035年）》的批复
84	2017年	中共中央办公厅、国务院办公厅	关于创新体制机制推进农业绿色发展的意见
85	2017年	中共中央办公厅、国务院办公厅	中共中央办公厅　国务院办公厅关于深化审评审批制度改革鼓励药品医疗器械创新的意见
86	2017年	国务院办公厅	国务院办公厅关于积极推进供应链创新与应用的指导意见
87	2017年	第十二届全国人民代表大会常务委员会	中华人民共和国公共图书馆法
88	2017年	国务院办公厅	国务院办公厅关于创建“中国制造2025”国家级示范区的通知
89	2017年	国务院	国务院关于深化“互联网＋先进制造业”发展工业互联网的指导意见
90	2018年	国务院办公厅	国务院办公厅关于推进农业高新技术产业示范区建设发展的指导意见

续表

序号	发布年份	发布机关	文件名称
91	2018年	中共中央、国务院	中共中央国务院关于实施乡村振兴战略的意见
92	2018年	中共中央办公厅、国务院办公厅	关于加强知识产权审判领域改革创新若干问题的意见
93	2018年	国务院	国务院关于印发积极牵头组织国际大科学计划和大科学工程方案的通知
94	2018年	国务院办公厅	国务院办公厅转发证监会关于开展创新企业境内发行股票或存托凭证试点若干意见的通知
95	2018年	中共中央、国务院	中共中央国务院关于支持海南全面深化改革开放的指导意见
96	2018年	中共中央、国务院	中共中央国务院关于对《河北雄安新区规划纲要》的批复
97	2018年	中共中央办公厅、国务院办公厅	中共中央办公厅国务院办公厅印发《关于进一步加强科研诚信建设的若干意见》
98	2018年	国务院	国务院关于同意深化服务贸易创新发展试点的批复
99	2018年	国务院办公厅	国务院办公厅关于印发进一步深化“互联网+政务服务”推进政务服务“一网、一门、一次”改革实施方案的通知
100	2018年	中共中央办公厅、国务院办公厅	中共中央办公厅国务院办公厅印发《关于深化项目评审、人才评价、机构评估改革的意见》
101	2018年	国务院	国务院关于优化科研管理提升科研绩效若干措施的通知
102	2018年	国务院办公厅	国务院办公厅关于成立国务院推进政府职能转变和“放管服”改革协调小组的通知

续表

序号	发布年份	发布机关	文件名称
103	2018年	国务院办公厅	国务院办公厅关于印发全国深化“放管服”改革转变政府职能电视电话会议重点任务分工方案的通知
104	2018年	中共中央、国务院	中共中央　国务院关于完善促进消费体制机制进一步激发居民消费潜力的若干意见
105	2018年	国务院	国务院关于推动创新创业高质量发展打造“双创”升级版的意见
106	2018年	中共中央、国务院	中共中央国务院印发《乡村振兴战略规划（2018—2022年）》
107	2018年	中共中央办公厅、国务院办公厅	中共中央办公厅国务院办公厅印发《关于加强文物保护利用改革的若干意见》
108	2018年	国务院	国务院关于支持自由贸易试验区深化改革创新若干措施的通知
109	2018年	中共中央、国务院	中共中央　国务院关于建立更加有效的区域协调发展新机制的意见
110	2018年	国务院办公厅	国务院办公厅关于推广第二批支持创新相关改革举措的通知
111	2019年	中共中央、国务院	中共中央　国务院关于支持河北雄安新区全面深化改革和扩大开放的指导意见
112	2019年	中共中央、国务院	中共中央国务院关于坚持农业农村优先发展做好“三农”工作的若干意见
113	2019年	中共中央办公厅、国务院办公厅	中共中央办公厅　国务院办公厅印发《关于统筹推进自然资源资产产权制度改革的指导意见》
114	2019年	国务院	国务院关于推进国家级经济技术开发区创新提升打造改革开放新高地的意见
115	2019年	国务院办公厅	国务院办公厅关于印发科技领域中央与地方财政事权和支出责任划分改革方案的通知

续表

序号	发布年份	发布机关	文件名称
116	2019年	中共中央办公厅、国务院办公厅	中共中央办公厅　国务院办公厅印发《关于进一步弘扬科学家精神加强作风和学风建设的意见》
117	2019年	国务院	国务院关于促进乡村产业振兴的指导意见
118	2019年	中共中央、国务院	中共中央国务院关于深化教育教学改革全面提高义务教育质量的意见
119	2019年	国务院办公厅	国务院办公厅关于促进平台经济规范健康发展的指导意见
120	2019年	中共中央办公厅、国务院办公厅	关于深化新时代学校思想政治理论课改革创新的若干意见
121	2019年	中共中央、国务院	中共中央国务院关于支持深圳建设中国特色社会主义先行示范区的意见
122	2019年	国务院办公厅	国务院办公厅关于加快发展流通促进商业消费的意见
123	2017年	国务院办公厅	国务院办公厅关于推广支持创新相关改革举措的通知
124	2019年	中共中央、国务院	中共中央国务院印发《交通强国建设纲要》
125	2019年	中共中央、国务院	中共中央　国务院关于促进中医药传承创新发展的意见
126	2019年	中共中央、国务院	中共中央国务院关于推进贸易高质量发展的指导意见
127	2019年	中共中央、国务院	中共中央国务院印发《长江三角洲区域一体化发展规划纲要》
128	2019年	中共中央、国务院	中共中央国务院关于营造更好发展环境支持民营企业改革发展的意见

续表

序号	发布年份	发布机关	文件名称
129	2019 年	中共中央办公厅、国务院办公厅	中共中央办公厅国务院办公厅印发《关于促进劳动力和人才社会性流动体制机制改革的意见》
130	2020 年	中共中央、国务院	中共中央国务院关于抓好“三农”领域重点工作确保如期实现全面小康的意见
131	2020 年	中共中央办公厅、国务院办公厅	中共中央办公厅国务院办公厅印发《关于深化新时代教育督导体制机制改革的意见》
132	2020 年	国务院办公厅	国务院办公厅关于推广第三批支持创新相关改革举措的通知

附录 4　2015 年以来我国鼓励文旅行业创新的宏观政策文件

序号	发布年份	发布机关	文件名称
1	2015 年	国务院	博物馆条例
2	2015 年	文化部	中华人民共和国文化部 2014 年文化发展统计公报
3	2015 年	国务院办公厅	国务院办公厅关于推进基层综合性文化服务中心建设的指导意见
4	2016 年	文化部	文化部办公厅关于开展 2016 年度国家文化创新工程项目申报工作的通知
5	2016 年	文化部	文化部中央文明办关于开展 2016 年文化志愿服务工作的通知
6	2016 年	文化部	文化部　国务院农民工工作领导小组办公室　全国总工会关于进一步做好为农民工文化服务工作的意见
7	2016 年	文化部	中华人民共和国文化部 2015 年文化发展统计公报
8	2016 年	文化部	文化部办公厅关于做好 2016 年度中央财政文化产业发展专项资金重大项目申报工作的通知
9	2016 年	国务院办公厅	国务院办公厅转发文化等部门关于推动文化文物单位文化创意产品开发若干意见的通知
10	2016 年	文化部	文化部关于政协十二届全国委员会第四次会议第 1167 号（文化宣传类 041 号）提案答复的函
11	2016 年	文化部	文化部关于对十二届全国人大四次会议第 6297 号建议的答复

续表

序号	发布年份	发布机关	文件名称
12	2016年	文化部	文化部关于推动文化娱乐行业转型升级的意见
13	2016年	文化部	文化部“一带一路”文化发展行动计划（2016—2020年）
14	2016年	文化部	关于推进县级文化馆图书馆总分馆制建设的指导意见
15	2017年	文化部	关于推动文化文物单位文化创意产品开发的若干意见
16	2017年	国家旅游局	关于促进交通运输与旅游融合发展的若干意见
17	2017年	国家旅游局	“十三五”全国旅游信息化规划
18	2017年	国家旅游局	国家级旅游业改革创新先行区建设管理办法
19	2017年	文化部	文化部办公厅关于开展2017年度国家文化创新工程项目申报工作的通知
20	2017年	文化部	文化部关于推动数字文化产业创新发展的指导意见
21	2017年	文化部	文化部“十三五”时期文化产业发展规划
22	2017年	文化部	文化部“十三五”时期文化科技创新规划
23	2017年	文化部	文化部办公厅关于做好2017年度中央财政文化产业发展专项资金重大项目申报工作的通知
24	2017年	文化部	“十三五”时期繁荣群众文艺发展规划
25	2017年	国家旅游局	全域旅游示范区创建工作导则
26	2017年	文化部	文化部关于政协十二届全国委员会第五次会议第1438号（文化宣传类080号）提案答复的函
27	2017年	文化部	文化部“十三五”时期公共数字文化建设规划

续表

序号	发布年份	发布机关	文件名称
28	2017 年	文化部	“十三五”时期全国公共图书馆事业发展规划
29	2017 年	文化部	文化部关于对政协十二届全国委员会第五次会议第 2089 号（文化宣传类 130 号）提案答复的函
30	2017 年	文化部	关于深入推进公共文化机构法人治理结构改革的实施方案
31	2017 年	国家旅游局	“十三五”旅游人才发展规划纲要
32	2018 年	文化部	文化部办公厅关于开展 2018 年度国家文化创新工程项目申报工作的通知
33	2018 年	文化部	中华人民共和国文化部 2016 年文化发展统计公报
34	2018 年	文化和旅游部	中华人民共和国文化和旅游部 2017 年文化发展统计公报
35	2018 年	文化和旅游部	文化和旅游部对十三届全国人大一次会议第 6104 号建议的答复
36	2018 年	文化和旅游部 账政部	文化和旅游部　财政部关于在文化领域推广政府和社会资本合作模式的指导意见
37	2019 年	文化和旅游部	公共数字文化工程融合创新发展实施方案
38	2019 年	文化和旅游部	公共文化服务领域基层政务公开标准指引

附录5　2015年以来我国发布的与图书馆相关的政策文件

序号	发布年份	发布机关	文件名称
1	2015年	北京市人民政府	北京市人民政府关于进一步加强基层公共文化建设的意见
2	2016年	北京市石景山区人民政府	石景山区创建首都公共文化服务示范区工作方案
3	2016年	北京市文化局	北京市基层图书服务资源整合实施管理办法
4	2017年	北京市海淀区人民政府	北京市海淀区人民政府关于加快构建现代公共文化服务体系的实施意见
5	2017年	北京市文化和旅游局	关于加快推进公共文化服务体系示范区建设的意见
6	2018年	北京市海淀区人民政府	北京市海淀区人民政府办公室关于印发本区图书馆文化馆总分馆制建设及深入推进图书馆文化馆法人治理结构改革实施方案的通知
7	2018年	北京市文化局	关于推动北京市文化文物单位文化创意产品开发试点工作的实施意见
8	2018年	中共北京市委 北京市人民政府	中共北京市委　北京市人民政府印发《关于推进文化创意产业创新发展的意见》的通知
9	2018年	北京市海淀区人民政府	北京市海淀区人民政府关于持续推进现代公共文化服务体系创新发展意见（2018—2020年）的通知
10	2018年	北京市石景山区人民政府	石景山区创建国家公共文化服务体系示范区规划（2018—2020年）
11	2015年	中共天津市委办公厅　天津市人民政府办公厅	天津市基本公共文化服务实施标准（2015—2020年）

续表

序号	发布年份	发布机关	文件名称
12	2015 年	天津市河西区人民政府办公室	天津市河西区公共文化服务群众需求反馈办法
13	2017 年	天津市文化广播影视局	关于开展文化文物单位文化创意产品开发试点工作的通知
14	2017 年	天津市文化广播影视局	关于推进天津市区级文化馆图书馆总分馆制建设的实施意见
15	2019 年	天津市河西区发改委	天津市河西区国民经济和社会发展第十三个五年规划纲要
16	2018 年	山西省新闻出版广电局	关于支持实体书店发展的实施意见
17	2015 年	鄂尔多斯市人民政府办公厅	鄂尔多斯市图书馆法人治理结构试点工作方案
18	2018 年	鄂尔多斯市人民政府办公厅	鄂尔多斯市公共图书馆总分馆建设推进工作方案的通知
19	2017 年	长春市文化广电新闻出版局	吉林省全民阅读促进条例
20	2018 年	长春市人民政府办公厅	长春市国家服务业综合改革试点实施方案（2018—2022 年）
21	2016 年	江苏省人民政府办公厅	省政府办公厅关于推进基层综合性文化服务中心建设的实施意见
22	2016 年	江苏省人民政府办公厅	省政府办公厅关于做好文化文物单位文化创意产品开发工作的通知
23	2018 年	江苏省人民政府办公厅	省政府办公厅关于印发智慧江苏建设三年行动计划（2018—2020 年）的通知
24	2005 年	宁波市人民政府	关于进一步增强科技自主创新能力促进经济增长方式转变的意见
25	2015 年	马鞍山市人民政府	关于加快现代公共文化服务体系建设着力打造公共文化服务升级版的实施意见

续表

序号	发布年份	发布机关	文件名称
26	2016年	马鞍山市人民政府	关于推进基层综合性文化服务中心建设的实施意见
27	2017年	赣州市文化和旅游部办公厅	关于加快构建现代公共文化服务体系的实施方案
28	2013年	黄石市政府办公室	黄石市公共文化服务管理和促进办法
29	2018年	黄石市文化和旅游局	黄石市基本公共文化服务实施标准（2017—2020年）
30	2016年	长沙市人民政府办公厅	长沙市人民政府办公厅关于推进基层综合性文化服务中心建设的实施意见
31	2016年	东莞市人民政府	东莞市公共图书馆管理办法
32	2018年	来宾市人民政府办公室	来宾数字经济社会发展三年行动计划（2018—2020年）
33	2019年	四川省人民政府	四川省人民政府关于加快推进数字经济发展的指导意见
34	2016年	宝鸡市人民政府办公室	宝鸡市人民政府办公室关于印发宝鸡市基层综合性文化服务中心建设实施方案的通知
35	2018年	宝鸡市政务公开办	宝鸡市推进基本公共服务均等化三年行动计划（2018—2020年）
36	2016年	廊坊市人民政府	廊坊市人民政府办公室关于推进基层综合性文化服务中心建设的实施意见
37	2017年	廊坊市人民政府	廊坊市人民政府办公室关于印发廊坊市现代公共文化服务体系建设“十三五”发展规划的通知
38	2015年	朔州市人民政府	朔州市人民政府关于加强乡镇综合文化站管理的若干意见
39	2018年	延边州人民政府办公室	延边州人民政府办公室关于印发《延边州贯彻落实〈吉林省“十三五”兴边富民行动规划〉实施方案》的通知

续表

序号	发布年份	发布机关	文件名称
40	2016 年	中共哈尔滨市委办公厅　哈尔滨市人民政府办公厅	中共哈尔滨市委办公厅　哈尔滨市人民政府办公厅印发《哈尔滨市关于加快构建现代公共文化服务体系的实施意见》的通知
41	2016 年	哈尔滨市人民政府	中共哈尔滨市委关于推进社会主义文艺繁荣发展的实施意见
42	2015 年	无锡市文化广电新闻出版局 无锡市财政局	无锡市鼓励和引导社会力量参与公共文化服务实施办法
43	2015 年	嘉兴市文化广电新闻出版局	关于推进农家书屋与公共图书馆服务体系资源整合的实施意见
44	2015 年	嘉兴市文化广电新闻出版局	嘉兴市公共图书馆中心馆－总分馆服务体系标准
45	2018 年	嘉兴市文化广电新闻出版局 嘉兴市财政局	关于推进嘉兴智慧书房建设的实施意见
46	2018 年	安庆市人民政府	安庆市人民政府关于印发安庆市人口发展和基本公共服务体系建设“十三五”规划的通知
47	2015 年	三明市人民政府	三明市人民政府关于提升公共文化服务效能的意见
48	2017 年	三明市文广新局	关于开展 2017 年全民阅读工作的通知
49	2017 年	三明市人民政府办公室	三明市人民政府办公室关于印发三明市国家公共文化服务体系示范区后续建设规划（2017—2020 年）的通知
50	2018 年	三明市文广新局	关于开展 2018 年全民阅读工作的通知
51	2019 年	三明市文化和旅游局	三明市农家书屋深化改革创新提升服务效能实施办法
52	2018 年	湖北省人民代表大会常务委员会	湖北省公共文化服务保障条例

续表

序号	发布年份	发布机关	文件名称
53	2015年	岳阳市人民政府办公室	岳阳市社会力量参与公共文化服务促进办法（失效）
54	2016年	岳阳市人民政府办公室	岳阳市加快推进基层综合性文化服务中心建设实施方案
55	2016年	深圳市文体旅游局	深圳市“图书馆之城”建设规划（2016—2020）
56	2016年	深圳市人民政府办公室	深圳市人民政府办公厅关于印发深圳市文化发展“十三五”规划的通知
57	2018年	深圳市文体旅游局	深圳文化创新发展2020（实施方案）
58	2015年	玉林市人民政府	玉林市人民政府关于引导鼓励公共文化服务社会化发展的实施意见
59	2015年	玉林市人民政府办公室	玉林市人民政府办公室关于统筹城乡文化发展推动基本公共文化服务标准化均等化的实施意见
60	2017年	南充市人民政府办公室	南充市人民政府办公室关于印发《南充市“十三五”文化发展规划》的通知
61	2017年	南充市人民政府办公室	南充市人民政府办公室关于印发南充市“十三五”基本公共服务均等化规划的通知
62	2018年	贵阳市人民政府办公厅	市人民政府办公厅关于印发《贵阳市推进基层综合性文化服务中心建设实施方案》的通知
63	2015年	中共张掖市委办公室　张掖市人民政府办公室	中共张掖市委办公室　张掖市人民政府办公室印发《张掖市关于加快构建现代公共文化服务体系的实施意见》的通知
64	2015年	中共克拉玛依市委 克拉玛依市人民政府	关于印发《加快构建克拉玛依市现代公共文化服务体系的意见》的通知

续表

序号	发布年份	发布机关	文件名称
65	2015 年	中共克拉玛依市委 克拉玛依市人民政府	关于印发克拉玛依市基本公共文化服务实施标准的通知
66	2019 年	沧州市人民政府办公室	沧州市人民政府办公室关于印发《沧州市公共文化服务体系建设三年提升计划（2019—2021 年）》的通知
67	2017 年	沧州市人民政府	沧州市人民政府关于社会力量参与公共文化服务“文化干细胞”培育工程的实施意见沧政发〔2017〕17 号
68	2015 年	晋中市文化局	关于印发《晋中市基层公共文化设施管理运行办法》的通知
69	2015 年	晋中市人民政府办公厅	晋中市人民政府办公厅关于印发晋中市创建国家公共文化服务体系示范区规划（2016—2017）的通知
70	2017 年	晋中市人民政府	晋中市人民政府关于印发晋中市“十三五”文化发展规划的通知
71	2017 年	呼和浩特市人民政府办公厅	呼和浩特市人民政府办公厅印发关于政府向社会力量购买公共文化服务的实施办法
72	2019 年	中共哈尔滨市委办公厅　哈尔滨市人民政府办公厅	中共哈尔滨市委办公厅哈尔滨市人民政府办公厅印发《哈尔滨市关于推进中华优秀传统文化传承发展工程的实施意见》的通知
73	2017 年	哈尔滨市人民政府办公厅	哈尔滨市人民政府办公厅关于印发哈尔滨市引导城乡居民扩大文化消费试点工作实施方案的通知
74	2016 年	中共哈尔滨市委办公厅、哈尔滨市人民政府办公厅	中共哈尔滨市委办公厅哈尔滨市人民政府办公厅印发《哈尔滨市关于加快构建现代公共文化服务体系的实施意见》的通知

续表

序号	发布年份	发布机关	文件名称
75	2016年	南京市人民政府	市政府关于促进文化创意和设计服务与相关产业融合发展的实施意见
76	2019年	台州市文化广电旅游体育局	台州市文化馆分馆管理办法
77	2017年	台州市文化广电新闻出版局	关于公布台州市文化馆总分馆制建设实施意见的通知
78	2019年	台州市文化广电新闻出版局	关于公布台州市公共图书馆总分馆制实施细则的通知
79	2019年	台州市文化广电旅游体育局	关于印发《台州市公共文化服务“十百千”工程考核方案》的通知
80	2016年	台州市文广新局、市财政局、市体育局	关于政府向社会力量购买公共文化体育服务管理办法
81	2016年	台州市文化广电新闻出版局	台州市政府向社会力量购买公共文化产品和服务管理办法起草说明
82	2017年	台州市发展和改革委员会　台州市文化广电新闻出版局	关于印发台州市“十三五”文化发展规划的通知
83	2016年	台州市人民政府办公室	台州市人民政府办公室关于印发《台州市文化产业“十三五”发展规划》的通知
84	2016年	铜陵市人民政府办公室	铜陵市人民政府办公室转发市文旅委等部门关于做好政府向社会力量购买公共文化服务工作实施意见的通知
85	2016年	铜陵市人民政府办公室	铜陵市人民政府办公室关于印发铜陵市推进基层综合性文化服务中心建设实施方案的通知
86	2016年	铜陵市人民政府办公室	铜陵市人民政府办公室关于印发铜陵市地方志事业发展规划（2016—2020年）的通知

续表

序号	发布年份	发布机关	文件名称
87	2017 年	中共铜陵市委办公室、铜陵市人民政府办公室	中共铜陵市委办公室铜陵市人民政府办公室印发《关于加快构建现代公共文化服务体系的实施意见》的通知
88	2016 年	铜陵市文化和旅游委员会、铜陵市财政局	关于印发《2016 年铜陵市公共文化服务提升工程实施方案》的通知
89	2017 年	中共铜陵市委办公室、铜陵市人民政府办公室	中共铜陵市委办公室铜陵市人民政府办公室印发《关于加快构建现代公共文化服务体系的实施意见》的通知
90	2015 年	中共铜陵市委办公室、铜陵市人民政府办公室	中共铜陵市委办公室铜陵市人民政府办公室关于印发铜陵市创建国家公共文化服务体系示范区规划（2015—2017 年）的通知
91	2018 年	福州市人民政府	福州市人民政府关于印发福州市基本公共文化服务指导目录的通知
92	2017 年	福州市人民政府办公厅	福州市人民政府办公厅转发市文化广电新闻出版局等部门关于做好政府向社会力量购买公共文化服务工作的实施意见的通知
93	2017 年	福州市人民政府办公厅	福州市人民政府办公厅关于印发福州市推进基层综合性文化服务中心建设实施方案的通知
94	2016 年	福州市人民政府办公厅	福州市人民政府办公厅关于印发福州市地方志事业发展规划纲要（2016—2020）的通知
95	2016 年	福州市人民政府	福州市人民政府关于推进文化创意和设计服务与相关产业融合发展的实施意见
96	2019 年	福州市文化和旅游局	关于进一步加强福州市非物质文化遗产保护工作的十条措施
97	2016 年	九江市文化广电新闻出版旅游局	九江市基本公共文化服务保障实施标准（2016—2020 年）

续表

序号	发布年份	发布机关	文件名称
98	2016年	九江市文化广电新闻出版旅游局	关于加快构建现代公共文化服务体系的意见
99	2016年	九江市文化广电新闻出版旅游局	九江市创建第三批国家公共文化服务体系示范区工作方案
100	2016年	九江市文化广电新闻出版旅游局	九江市第三批国家公共文化服务体系示范区创建规划
101	2015年	中共东营市委 东营市人民政府	中共东营市委　东营市人民政府关于印发《东营市创建国家公共文化服务体系示范区实施方案》的通知
102	2016年	东营市人民政府办公室	东营市人民政府办公室关于做好政府向社会力量购买公共文化服务工作的实施意见
103	2015年	东营市委办公室、东营市人民政府办公室	市委办公室市政府办公室印发《关于加快构建现代公共文化服务体系的实施意见》的通知
104	2018年	济源市文化广电新闻出版局	关于印发《济源市文化产业示范园区管理办法（试行）》的通知
105	2018年	济源市文化广电新闻出版局　济源市财政府	关于印发《济源市村级文化管理员管理暂行办法（试行）》的通知
106	2019年	宜昌市人民政府	宜昌市非物质文化遗产保护条例
107	2019年	宜昌市人民政府办公室	市人民政府办公室关于印发《宜昌市市级非物质文化遗产代表性项目认定及管理办法》《宜昌市市级非物质文化遗产代表性项目代表性传承人认定及管理办法》和《宜昌市市级非物质文化遗产传承示范基地评选及管理暂行办法》的通知
108	2017年	宜昌市人民政府办公室	关于印发宜昌市政府向社会力量购买公共文化服务工作实施方案的通知

续表

序号	发布年份	发布机关	文件名称
109	2017 年	株洲市文体广电新闻出版局	株洲市文体广电新闻出版局关于印发《株洲市推进文化馆总分馆制建设的实施方案》的通知
110	2017 年	株洲市文体广电新闻出版局	株洲市文体广电新闻出版局关于印发《株洲市文化志愿服务网格化管理实施方案》的通知
111	2017 年	株洲市文体广电新闻出版局	株洲市文体广电新闻出版局关于印发《2017年文化扶贫工程实施方案》的通知
112	2018 年	佛山市文化广电新闻出版局	佛山市文化广电新闻出版局关于印发佛山市文化广电新闻出版局基层公共文化服务体系建设扶持办法的通知
113	2015 年	佛山市文化广电新闻出版局	佛山市文化广电新闻出版局关于印发《佛山市文化广电新闻出版局文化产业示范园区和基地管理办法》的通知
114	2018 年	中共佛山市委组织部、佛山市文化广电新闻出版局、佛山市人力资源和社会保障局、佛山市财政局	关于印发《佛山市文化英才扶持工程实施细则》的通知
115	2017 年	佛山市人民政府	佛山市人民政府关于加快文化产业融合发展的实施意见
116	2016 年	防城港市文化广电体育和旅游局	防城港市文化委员会关于印发《防城港市文化志愿者管理办法（暂行）》的通知
117	2017 年	防城港市文化广电体育和旅游局	防城港市人民政府办公室关于印发《防城港市城乡社区公共文化服务管理办法》的通知
118	2017 年	防城港市人民政府办公室	防城港市人民政府办公室关于印发《防城港市关于做好向社会力量购买公共文化服务的实施意见》的通知

续表

序号	发布年份	发布机关	文件名称
119	2017年	乐山市人民政府办公室	乐山市人民政府办公室转发市文广新局等部门关于做好政府向社会力量购买公共文化服务工作的实施意见的通知
120	2017年	中共毕节市委办公室、毕节市人民政府办公室	中共毕节市委办公室毕节市人民政府办公室印发《毕节市关于加快构建现代公共文化服务体系的实施意见》的通知
121	2016年	毕节市人民政府办公室	毕节市人民政府办公室关于印发毕节市公共文化服务体系绩效考核办法（试行）的通知
122	2017年	毕节市人民政府办公室	毕节市人民政府办公室关于印发毕节市做好政府向社会力量购买公共文化服务实施方案的通知
123	2018年	毕节市人民政府办公室	毕节市人民政府办公室关于印发“十三五”时期公共文化服务精准扶贫实施方案的通知
124	2016年	毕节市人民政府办公室	毕节市人民政府办公室关于印发毕节市村级文化志愿者管理办法（试行）的通知
125	2017年	毕节市文化广电新闻出版局	关于印发《毕节市公共文化服务群众需求征集和评价反馈机制建设实施方案》的通知
126	2018年	拉萨市人民政府办公厅	拉萨市人民政府办公厅关于印发《关于做好政府向社会力量购买公共文化服务的实施意见》的通知
127	2018年	拉萨市人民政府办公厅	拉萨市人民政府办公厅关于印发《拉萨市公共文化服务机构运营的公众参与办法》的通知
128	2017年	拉萨市人民政府	拉萨市人民政府关于印发《拉萨市创建国家公共文化服务体系示范区目标责任考核实施办法》的通知
129	2018年	拉萨市人民政府办公厅	拉萨市人民政府办公厅关于印发《拉萨市非物质文化遗产项目代表性传承人认定与管理办法》的通知

续表

序号	发布年份	发布机关	文件名称
130	2018 年	铜川市商务局	铜川市商务局关于印发《铜川市商务局创建国家公共文化服务体系示范区 2018 年度宣传工作方案》的通知
131	2018 年	铜川市文化广电新闻出版局	关于印发《铜川市关于推进县级文化馆图书馆总分馆制建设实施方案》的通知
132	2016 年	铜川市人民政府办公室	铜川市人民政府办公室关于做好政府向社会力量购买公共文化服务工作的通知
133	2017 年	昌吉回族自治州人民政府	昌吉州人民政府办公室关于印发自治州公共文化服务体系建设协调机制工作方案
134	2016 年	昌吉州文广局	自治区关于加快构建现代公共文化服务体系的实施意见
135	2018 年	昌吉回族自治州人民政府办公室	昌吉回族自治州人民政府办公室印发《昌吉州关于做好政府向社会力量购买公共文化服务工作的实施意见》的通知
136	2017 年	昌吉州文广局	自治州推进公共文化体育设施社会化运营试点指导意见
137	2018 年	昌吉回族自治州人民政府办公室	昌吉回族自治州人民政府办公室印发《昌吉州关于做好政府向社会力量购买公共文化服务工作实施意见》的通知
138	2017 年	昌吉州文广局	自治区“十三五”时期贫困地区公共文化服务体系建设实施方案
139	2018 年	昌吉州文广局	关于印发《昌吉州建立公共文化服务群众需求征集和评价反馈机制的实施方案》的通知
140	2015 年	温州市人民政府办公室	温州市人民政府办公室关于进一步规范我市基层公共文化服务工作的通知
141	2015 年	温州市人民政府	温州市人民政府关于印发《温州市文化创意产业规划（2015—2020 年）》等文件的通知

续表

序号	发布年份	发布机关	文件名称
142	2018 年	中共温州市委办公室、温州市人民政府办公室	印发《关于创建国家公共文化服务体系示范区的实施意见》《温州市创建国家公共文化服务体系示范区规划（2018 — 2020 年）》的通知
143	2019 年	温州市文化广电旅游局温州市财政局	温州市文化广电旅游局温州市财政局关于印发《温州市社会文艺团队扶持补助办法》（试行）的通知
144	2016 年	威海市人民政府	威海市公共文化服务办法
145	2019 年	威海市人民政府	威海市非物质文化遗产保护办法
146	2018 年	威海市文化广电新闻出版局	威海市文化广电新闻出版局关于印发《关于进一步推进县及县以下历史文化展示工程建设方案》的通知
147	2020 年	中山市人民政府	中山市人民政府关于修改《中山市历史文化名城保护规定》的决定
148	2018 年	中山市人民政府办公室	中山市人民政府办公室关于印发中山市创建国家公共文化服务体系示范区规划（2018—2020 年）的通知
149	2018 年	中山市人民政府办公室	关于印发《中山市创建国家公共文化服务体系示范区实施方案（2018—2020 年）》的通知
150	2015 年	晋城市人民政府	关于印发晋城市推进文化创意和设计服务与相关产业融合发展行动计划的通知
151	2019 年	蚌埠市人民政府	关于加快构建现代公共文化服务体系的实施方案
152	2018 年	许昌市人民政府	许昌市人民政府办公室关于印发许昌市创建国家公共文化服务体系示范区规划（2018—2020 年）的通知

续表

序号	发布年份	发布机关	文件名称
153	2019 年	黄冈市人民政府办公室	黄冈市人民政府办公室关于进一步推进公共文化服务社会化发展的实施意见
154	2018 年	黄冈市人民政府办公室	黄冈市人民政府办公室关于印发黄冈市创建国家公共文化服务体系示范区规划（2018—2020 年）的通知
155	2017 年	黄冈市人民政府	黄冈市人民政府关于推进文化产业突破性发展的意见
156	2015 年	黄冈市人民政府	黄冈市人民政府关于推进文化创意和设计服务与相关产业融合发展的意见
157	2018 年	三亚市人民政府办公室	三亚市人民政府办公室关于政府向社会力量购买公共文化服务的实施意见
158	2018 年	固原市人民政府办公室	固原市人民政府办公室关于印发《固原市创建国家公共文化服务体系示范区建设规划（2018—2020 年）》的通知

附录6　2017年第一届公共图书馆创新创意征集推广活动获奖案例与方案（部分）

编号	所在馆名称	项目名称	类型
A001	宁波市镇海区图书馆	镇海区图书馆“树袋熊”系列少儿读书活动品牌化战略	服务类
A002	常熟市图书馆	常熟市基层公共图书馆服务新模式“图书馆+”	服务类
A004	青州市图书馆	青州市“全民阅读直通车”工程	服务类
A006	重庆市渝北区图书馆	“品味书香、超越梦想”家庭图书馆	服务类
A008	秦皇岛图书馆	爱上阅读，从图书馆出发——21天少儿阅读习惯养成活动	服务类
A009	长沙市图书馆	“青苗计划”阅读实践活动	服务类
A016	苏州图书馆	“真人图书馆”服务视障读者	服务类
A021	三明市大田县图书馆	大田县图书馆VR、AR数字体验馆	服务类
A027	吉林省图书馆（吉林省少年儿童图书馆）	吉林省图书馆“学生书房”建设	服务类
A031	厦门市翔安区图书馆	92580就业我帮您“三送”活动	服务类
A033	厦门市翔安区图书馆	故事妙妙屋	服务类
A045	大连图书馆	大连图书馆白云书院“国学义塾”中国优秀传统文化经典阅读创新案例	服务类
A046	吉林省图书馆（吉林省少年儿童图书馆）	“黑土地上流动的讲堂”——吉林省图书馆创办“扶贫大讲堂”	服务类
A047	河北省图书馆	京津冀协同发展主题馆	服务类
A048	青岛市图书馆	数字资源在微信订阅号上的线上推广——以有声有色“青”听有奖竞猜为例	服务类

续表

编号	所在馆名称	项目名称	类型
A050	常州市图书馆	带你走进图书馆	服务类
A051	海宁市图书馆	创新打造城乡一体化“阅读空间”，促进公共图书馆服务体系转型升级	管理类
A061	鄂尔多斯市图书馆	鄂尔多斯诗歌那达慕	服务类
A070	朔州市图书馆	“手抄地方文献”阅读推广活动	服务类
A072	石家庄市图书馆	美食果腹　美诗润心——石家庄市图书馆美诗团	服务类
A073	上海市虹口区图书馆	“e 厘米”信息素养培训项目	服务类
A088	云南省陆良县图书馆	陆良县图书馆新型服务平台“学而书苑”	服务类
A094	嘉兴市图书馆	嘉兴市图书馆数字众创空间服务	服务类
A095	辽阳市图书馆	辽阳市图书馆《征信体系下二代身份证免押金借书制度》实施案例	服务类
A100	山西省图书馆	家庭志愿者团队管理模式——“亲子志愿家庭”策划方案	管理类
A101	山西省图书馆	未成年人读书会推动阅读推广开展——以“桐叶读书会”为例	服务类
A106	包头市图书馆	分享爱与光明	服务类
A107	包头市图书馆	包头市图书馆“宝贝计划”花开幼儿园	服务类
A108	金陵图书馆	金陵图书馆“七彩夏日”少儿暑期夏令营	服务类
A109	上海市嘉定区图书馆	“品乐下午茶”构建“一站式”阅读推广服务	服务类
A110	包头市图书馆	包头市图书馆“妈妈帮”亲子阅读系列活动	服务类
A115	苏州工业园区独墅湖图书馆	“爱阅·家”——幸福从家庭阅读开始（专题阅读推广）	服务类
A116	上海市宝山区图书馆	陈伯吹儿童文学创作讲习堂	服务类
A118	武汉图书馆	聆听文化的声音：武图之声	服务类

续表

编号	所在馆名称	项目名称	类型
A123	上海图书馆（上海科学技术情报研究所）	上海图书馆业务绩效统计 APP	管理类
A126	襄阳市图书馆	科技与文化“比翼双飞”——襄阳市图书馆特色分馆建设之路	服务类
A127	甘肃省图书馆	创新、合作、共享——甘肃省图书馆《甘肃知识文化服务平台》	服务类
A132	辽宁省图书馆	“乐·读”——辽宁省图书馆多媒体阅读推广创新服务成果案例	服务类
A133	上海图书馆（上海科学技术情报研究所）	“创·新空间”服务	服务类
A140	苏州图书馆	基于信用的网上借阅社区投递系统	服务类
A146	温岭市图书馆	阅读服务体系和阅读服务模式的创新——温岭家庭图书分馆建设	服务类
A150	浙江图书馆	“U 书”快借	服务类
A161	上海图书馆（上海科学技术情报研究所）	服务与品牌创新之路——上海图书馆《上图导航》月刊	服务类
A189	天津市河西区图书馆	创新服务模式，探索总分馆建设	服务类
A191	天津市河西区图书馆	河西区图书馆将有声阅读融入“图书馆 +”模式	服务类
A192	本溪市图书馆	书香本溪创新读者服务工作探索	服务类
A194	南京图书馆	江苏省少儿数字图书馆	服务类
A213	上海市普陀区图书馆	图书漂流四方，知识浸润心灵——“蒲公英”图书漂流项目的实践与探索	服务类
A215	贵州省图书馆	贵图阅读剧场	服务类
A220	苏州市吴中区图书馆	“书香吴中”官网电台	服务类
A221	广州市越秀区图书馆	“阅创工坊”——广州市越秀区图书馆阅读创意手工创作系列活动	服务类

续表

编号	所在馆名称	项目名称	类型
A222	广州市越秀区图书馆	行走·阅图——广州市越秀区图书馆“精读+定向寻觅”系列活动	服务类
B001	乌鲁木齐市图书馆	公共图书馆阅读推广新模式——“微视频”荐书活动创意方案	服务类
B032	山西省图书馆	阅读推广服务效果智能评价系统	管理类
B037	包头市图书馆	智能读者服务体系	服务类
B039	西双版纳傣族自治州图书馆	西双版纳傣族自治州图书馆特色数据库	服务类
B042	济南市图书馆	见微知著——“微课”在图书馆工作中的应用探索	服务类
B053	北京市顺义区图书馆	公共图书馆读者诚信管理	管理类
B054	北京市顺义区图书馆	“潮白书苑”24小时自助图书馆+创意方案	服务类
B062	长春市图书馆	长春市图书馆“小树苗”16点课堂	服务类
B056	广东省立中山图书馆	CE立方艺术孵化仓	服务类
B063	哈尔滨市图书馆	《心目驿站》文化助残公益项目服务方案	服务类
B070	温州市少年儿童图书馆	“好书阅读接力棒”——微信阅读推广方案	服务类
B076	佛山市图书馆	非遗文化在儿童阅读推广中的应用——以皮影戏为例	服务类
B079	天津市河西区图书馆	“飞阅”图书馆	服务类
B082	唐山市图书馆	“孕·生命，阅·传承”唐山市图书馆家庭阅读推广活动	服务类
B083	青岛市图书馆	播撒沁人心脾的书香打开千家万户的书房——打通最后一公里，将总分馆服务进行到底	服务类

附录 7　2019 年第二届公共图书馆创新创意征集推广活动获奖案例（部分）

编号	所在馆名称	项目名称	类型
A010	深圳图书馆	“双线延伸　借书 e 得”——打造纸本图书线上全流程服务体系	服务类
A109	邯郸市图书馆	“用生命影响生命”——“活”了的邯郸真人图书馆	服务类
A118	锦州市图书馆	锦州市图书馆微信专栏《诗说锦州》	服务类
A128	五峰土家族自治县图书馆	研究茶文献　振兴茶产业	服务类
A129	吉林省图书馆（吉林省少年儿童图书馆）	吉林省图书馆“科技咨询服务”	服务类
A013	佛山市图书馆	“阅读·温暖”——佛山视障读者关爱行动	服务类
A014	资阳市图书馆	阅读存银行　书香传万家	服务类
B20	淮安市图书馆	走·读　里运河	服务类
A153	包头市图书馆	“敖包书屋”亲子阅读主题系列活动	服务类
A159	武汉市江汉区图书馆	金桥书吧	服务类
A016	大连市图书馆	“旋律大图”——大连图书馆探索音乐图书馆阅读服务创新案例	服务类
A176	唐山市图书馆	诗画“二十四节气”系列活动	服务类
A184	唐山市图书馆	播撒“悦”读种子·静待一路花开——唐山市图书馆精准化、立体化服务少数民族儿童	服务类
A193	武汉图书馆	江城读书节	服务类
A201	河北省图书馆	《图书馆史话》音频节目	服务类

续表

编号	所在馆名称	项目名称	类型
A004	长沙市图书馆	长沙图书馆新三角创客空间	服务类
A036	丹东市图书馆	新时代文明实践——丹东市图书馆市民业余学习大讲堂	服务类
A044	通辽市科尔沁区图书馆	“同读一本书共圆中国梦”——习近平经典著作在线诵读活动	服务类
A045	厦门市翔安区图书馆	智绘书	服务类
A046	厦门市翔安区图书馆	翔安红色记忆——挖掘革命文化传承红色基因	服务类
A047	长沙市图书馆	“阅天下·邂逅图书馆之美”游学案例	服务类
A051	广西壮族自治区桂林图书馆	发挥文化资源优势帮助农村电商发展——广西桂林图书馆文化扶贫案例	服务类
A055	大连市少儿图书馆	创新引领未来——大连市少儿图书馆创客空间	服务类
A061	无锡市图书馆	为生活注入书香　让阅读成为时尚——无锡市图书馆创新特色分馆建设新模式	服务类
A065	天津市东丽区图书馆	图书馆里的阅读课	服务类
A067	辽宁省图书馆	感受 Library，让我们共同经历——辽宁省图书馆“阅·历 library”图书馆少儿研学系列活动	服务类
A007	广州市海珠区图书馆	海珠区图书馆 STEM 科普系列活动	服务类
A074	青岛市图书馆	阅读之美，美在四季阅读夜——青岛市图书馆家庭夜读模式阅读活动案例	服务类
A075	石家庄市图书馆	科学工厂——我的图书馆科学启蒙乐园	服务类
A008	吉林省图书馆（吉林省少年儿童图书馆）	吉林省图书馆“诺亚方舟系列活动”	服务类
A080	阜新市图书馆	同心·悦读之“和来自星星的孩子一起阅读”	服务类

续表

编号	所在馆名称	项目名称	类型
A082	厦门市图书馆	双盲家庭亲子阅读	服务类
A085	甘肃省天水市麦积区图书馆	为未成年人开启遇见世界的大门——甘肃省天水市麦积区图书馆“让我们在阅读中健康成长”未成年人系列活动	服务类
A092	佛山市图书馆	“千家万户”阅暖工程——邻里图书馆	服务类
A093	长春市图书馆	长春星火阅读计划	服务类
A094	陕西省咸阳图书馆	咸阳图书馆“三免”服务案例	服务类

附录 8　公共图书馆服务创新推广机制建设项目实施方案

1　项目背景与说明

党的十八大提出实施创新驱动发展战略。在党和国家相关政策的指导下，相关部门和行业组织高度关注公共图书馆事业的服务创新问题。随着国家和各地公共文化服务体系示范区的展开，各级公共图书馆积极地适应新时期社会环境和社会需求的变化，不断创新服务内容和服务方式，提升服务质量和服务效率。近年来，在一系列公共图书馆行业的学术研讨和案例征集活动中，一批可借鉴、可复制的公共图书馆创新服务案例相继涌现。为了支持、推动已有的创新改革举措在全国范围内复制推广，更好地贯彻落实创新发展理念、推进公共图书馆服务高质量发展，建议“十四五”时期在全国范围内实施“公共图书馆服务创新推广机制建设项目”，实现公共图书馆事业的可持续发展，以创新手段促进现代公共文化服务体系建设。

2　项目目标

到 2025 年，建立起相对完善的以政府为主导、以行业组织为依托、各图书馆参与的公共图书馆服务创新推广机制，公共图书馆领域建成相对完善的创新评估标准，创新推广速度和创新应用速度明显加快，全行业创新服务能力及效益得到较大提升，形成浓厚的创新发展氛围。围绕公共图书馆事业发展的重点问题（包括基层效能提升、法人治理结构、社会力量参与、绩效评价激励等），每年在全国范围内推广 10 项可复制、可借鉴的创新改革举措，营造图书馆行业的创新氛围。

3　项目实施的必要性与可行性

3.1　必要性

服务创新是公共图书馆事业发展的重要引擎和永恒动力。通过不断创新服务理念、服务内容、服务体制 / 机制与服务方式，有望实现公共图书馆服务效能的提升，更好地保障公民的公共文化权益，满足用户日益增长的精神文化需求和对美好生活的向往，保证公共图书馆事业与时俱进、实现可持续发展。

建设公共图书馆服务创新推广机制是推进公共图书馆领域改革发展、支持现代公共文化服务体系建设的有效途径。在党和国家的创新战略格局下，部分地区，尤其是发达地区的公共图书馆已具备较高的创新意识和较强的创新能力。但从整体上看，我国公共图书馆仍普遍存在创新意识不够、创新能力不足的现象，亟须建立公共图书馆服务创新推广机制，推动欠发达地区和基层的公共图书馆服务利用已有的实践经验实现创新发展。

3.2 可行性

从国家和行业来看，鼓励和引导创新发展将作为当前和未来一段时期的重要任务，公共图书馆事业的服务创新拥有良好的政策土壤。与此同时，通过深化简政放权、放管结合、优化服务改革等措施，加快政府职能深度转变，促进政府治理体系现代化等宏观部署，为公共图书馆领域建立服务创新推广机制奠定了良好的制度基础。

“十三五”时期，在加快建设现代公共文化服务体系的过程中，各地公共图书馆因地制宜地探索适合本区域的发展模式，我国公共图书馆领域已经积累了一定的创新经验。而随着国家和各省公共文化服务体系示范区建设进程的推进、两届公共图书馆创新创意案例征集推广活动的开展、一系列相关学术会议和研讨班的推广，公共图书馆领域完成了对创新经验和创新案例的初步总结，为服务创新推广机制建设提供了重要的前期成果。

4 项目建设基础和建设内容

4.1 实施依据

2015 年，中共中央、国务院发布的《关于深化体制机制改革加快实施创新驱动发展战略的若干意见》提出，通过“改进新技术新产品新商业模式的准入管理”并“改进互联网、金融、环保、医疗卫生、文化、教育等领域的监管，支持和鼓励新业态、新商业模式发展”，营造激励创新的公平竞争环境。

2016年，中共中央、国务院印发《国家创新驱动发展战略纲要》，提出“创新驱动就是创新成为引领发展的第一动力，科技创新与制度创新、管理创新、商业模式创新、业态创新和文化创新相结合，推动发展方式向依靠持续的知识积累、技术进步和劳动力素质提升转变，促进经济向形态更高级、分工更精细、结构更合理的阶段演进”。

《文化部“十三五”时期公共数字文化建设规划》的基本原则之一是“坚持科学管理、创新发展”，要求“围绕建设、管理和服务等关键环节，完善公共数字文化建设工作机制，创新服务模式，完善公共数字文化建设政策保障，优化配置各级各类公共数字文化资源，促进互联互通、共建共享，实现创新发展”。

4.2　实践基础

近年来，政府部门（特别是文化主管部门）、图书馆学会或协会等机构多次组织图书馆服务创新案例征集和评选活动，例如文化和旅游部连续数年举行的文化创新工程项目申报活动，意在通过政策、资金支持鼓励文化创意创新；再如由中国图书馆学会公共图书馆分会举办的“创新引领未来”公共图书馆创新创意案例征集活动，旨在通过对创新创意案例的征集和评优，推广优秀案例，形成复制效应，目前该活动已经举办两届。这些创新案例征集和评选活动为发现优秀服务案例、推广创新服务经验做出了贡献。

4.3　实施主体

以文化和旅游部、中国图书馆学会为主导，各地文化主管部门、图书馆学会或协会配合。

4.4　建设内容

公共图书馆的服务创新推广机制主要覆盖创新案例的发现、总结和宣传三个环节。

（1）创新发现机制

发现、发掘创新案例是服务创新推广的起点。在文化主管部门支持下，以各地图书馆学会或中心馆为主体，建立全国公共图书馆领域的服务创新案例发现机制，融合“由上而下”的评估路径和“由下而上”的征集路径，灵活采用奖项评比、评估考核、案例征集等多种形式发掘各地优秀创新服务案例，建立案例库，为创新经验的总结、推广和复制奠定基础。

（2）创新总结机制

对创新案例的经验总结是服务创新推广的核心。在创新案例发现的基础上，充分调动并培育公共图书馆、高等院校、相关研究基地的力量，采用会议、出版、课题等形式推动公共图书馆创新服务的专门研究，提高相关工作的学术水平，促进创新经验的理论提炼和转化。

（3）创新宣传机制

宣传创新案例、传播创新经验是服务创新机制的落足点。各地图书馆学会或中心馆要积极构建有效的宣传机制和全面覆盖的宣传网络，促使图书馆员学习和吸收创新经验、认识和理解服务创新的精神、加强自我创新意识、提高创新积极性，引导更多公共图书馆投身到服务创新的探索和实践中来。

5　项目实施路径

5.1　制定方案

由文化和旅游部主导，制定《公共图书馆服务创新推广机制建设指导意见》，明确公共图书馆服务创新推广机制的建设原则、主要内容和整体推进路径。

5.2　建立团队

在文化和旅游部的指导下，以中国图书馆学会为依托，建立公共图书馆服务创新推广机制，建立起一支集学术研究、试点示范、成果转化和实践培训为一体的专家团队，使之成为公共图书馆服务创新的辐射中心，负责与公共图书馆服务创新相关的调查、研究、评审工作，并在全国范围内组织创新思维培训和创新案例推广。

各省、市在地方文化主管部门指导下，以中心馆和图书馆行业组织为依托，展开区域公共图书馆服务创新推广工作，实现服务创新工作专业化、规范化发展。

5.3　案例推广

根据方案，中国图书馆学会定期组织全国各图书馆申报服务创新案例，组织专家团队对案例进行评审，选出优秀案例予以表彰并给予推广支持。在优秀案例的基础上，采取“成熟一批、推广一批”的基本原则，每年形成一批（10项）支持创新的改革举措，并通过多种方式在全国图书馆界进行宣传推广。

在此基础上，各省、市中心馆和图书馆行业组织可因地制宜，采用奖项评比、主动搜集、调查研究等不同方式总结创新服务经验，归纳具有推广、借鉴价值的创新模式，同时构建有效的创新宣传渠道，及时推广创新案例，

5.4　表彰奖励

各地有关部门、公共图书馆在服务创新推广团队的支持和指导下，组织开展宣传、培训和其他推广工作，督促图书馆员加强对服务创新的认识和理解，强化自我创新意识、提高创新能力，宣传创新推广的典型人物和案例，引导更多公共图书馆投身到服务创新的探索和实践中来。

6　保障条件

文化和旅游部在政策、经费以及项目安排等方面给予支持。在政策层面，加强统筹协调，落实相关政策和支持条件，为服务创新推广机制的建设与实践创造条件；在资金方面，争取中央财政的资金投入，如争取每年投入约800万元，其中100万元用于组织案例申报与评审、500万元用于优秀案例的表彰与资助、200万元用于优秀案例的研讨、培训、出版等宣传推广工作。

附录 9　公共图书馆服务下沉及效能提升项目实施方案

1　项目背景与说明

基层是公共图书馆服务的重点和难点。随着“图书馆总分馆制”“基层综合性文化服务中心”等一系列举措的实施和推进，我国基层公共图书馆建设加快发展，在设施条件、服务供给等方面有了明显改善，但从总体上来看，基层公共图书馆仍然是我国公共文化服务体系的薄弱环节。“十四五”时期是我国由全面建成小康社会向基本实现社会主义现代化迈进的关键时期，在文化领域，基层群众快速增长的精神文化生活需求与不平衡不充分的文化服务供给之间存在较为突出的矛盾。为促进基层公共文化服务体系建设，实现基层公共图书馆服务的提质增效，推动基层文化的高质量发展，建议“十四五”时期全国实施“公共图书馆服务下沉及效能提升项目”，集中力量推动县（区）级以上公共图书馆的专业力量、建设标准、服务资源和服务项目向乡镇（街道）和村（社区）延伸，充分落实基层公共文化服务均等化、标准化的要求，提高人民群众的生活品质和幸福感。

2　项目目标

力争到 2025 年，全国各省市普遍建立起相对完善的公共图书馆服务下沉体系。省、市、县（区）级中心公共图书馆统筹规划，因地制宜地提出下沉标准，配合各地总分馆制建设的相关规划，充分发挥公共图书馆总分馆体系的渠道作用。在财政分级保障下，市、县（区）级主动向基层公共图书馆输送专业理念、提供服务资源和服务项目，重点面向街道 / 乡镇分馆一级，搭建一站式公共图书馆服务平台，实现设施设备的升级改造，扩大基层公共图书馆服务的覆盖面，盘活基层公共图书馆服务，使其服务效能得到显著提升。

3 项目实施的必要性与可行性

3.1 必要性

基层是公共图书馆服务的重点和薄弱环节。“十三五”以来，我国在现代公共文化服务体系建设中已取得一定成就。但从基层公共图书馆现状来看，公共文化服务在设施布局、服务供给、队伍建设和资金保障方面仍存在一定的提升空间，乡镇（街道）和村（社区）一级的图书馆服务能力有限、服务资源不足、服务范围狭窄。有必要通过“公共图书馆服务下沉及效能提升项目”布局覆盖乡镇（街道）和村（社区）的公共图书馆服务网络，借助数字化、移动化等新兴技术手段，打通人民群众享受公共图书馆服务的“最后一公里”。

与此同时，在《关于加快构建现代公共文化服务体系的意见》《中华人民共和国公共图书馆法》等的要求和指导下，各地纷纷建立公共图书馆总分馆制，取得了显著的成效。但许多承担总馆职责的县（区）级图书馆业务能力有限、管理经验不足、资金和资源匮乏，总分馆制有名无实。要真正激活基层公共图书馆服务，需要因地制宜，推动建设主体和责任主体上移，实现人、财、物的一体化管理，配合已有的机制实现资源和服务下沉，真正发挥总分馆制多级联动的作用。

3.2 可行性

“十三五”时期，随着公共图书馆总分馆制、基层综合性文化服务中心、农家书屋工程、数字图书馆推广工程等一系列重大公共文化举措的实施，我国基层公共图书馆拥有了基本的阵地，公共图书馆服务的下沉渠道已经搭建完备。尽管部分地区图书馆总分馆制尚未充分发挥应有的效用，但多级联动体系已经初步建立。在已有的总分馆制基础上，配合基层综合性文化服务中心、农家书屋等工作的推广，有望使公共图书馆服务的下沉与效能提升事半功倍。

此外，近年我国公共图书馆行业在服务下沉和基层效能提升方面广泛开展创新实践，已经诞生不少成功案例。如浙江杭州图书馆以本部为中心，在杭州市各区结合环境特点建设生活主题分馆、佛学主题分馆、运动主题分馆、环保分馆、盲文分馆等多个主题分馆、服务点，覆盖杭州市各区，面向基层提供多样化服务；上海市黄浦区图书馆探索基层总分馆体系建设，通过在街道社区、旅游风景区、学校等地区设立如外滩街道图书馆、豫园街道图书馆、老西门街道图书馆等多个基层分馆，实现本区的服务全覆盖，满足了区内广大基层群众的文化需求；佛山市南海图书馆在南海区内建设近 200 所小型读书驿站服务点，覆盖校园、公园、医院、商业广场等地点，鼓励社会力量广泛参与读书驿站建设，实现了南海区图书馆基层服务点的全覆盖。简言之，各地公共图书馆对服务下沉建设方式的探索和创新，为本项目的实施提供了启发，也证明公共图书馆服务下沉和效能提升具有实践可行性。

4 项目建设基础和建设内容

4.1 实施依据

《国家“十三五”时期文化发展改革规划纲要》明确要求推动基层公共文化设施资源共建共享，以县级图书馆、文化馆为中心推进总分馆制，实施“基层综合文化服务中心建设”等公共文化服务重大工程。

2017 年党的十九大报告指出“到 2035 年要基本实现社会主义现代化”，其中包括基本实现公共服务均等化。近年来，随着公共图书馆事业的发展，我国公共图书馆领域取得了长足进展，在基层图书馆的有限发展空间内，实现公共图书馆的资源和服务下沉，以大馆带小馆，将资源延伸至基层，是公共图书馆服务均等化的基本要求。

《中华人民共和国图书馆法》第三十一条指出：“县级人民政府应当因地制宜建立符合当地特点的以县级公共图书馆为总馆，乡镇（街道）综合文化站、村（社区）图书室等为分馆或者基层服务点的总分馆制，完善数字化、网络化服务体系和配送体系，实现通借通还，促进公共图书馆服务向城乡基层延伸。总馆应当加强对分馆和基层服务点的业务指导。”

2019年党的十九届四中全会报告对推进国家治理体系与治理能力现代化作出了全面部署，要求“全面推进依法治国、依法行政，健全人民文化权益保障制度，完善城乡公共文化服务体系，优化城乡文化资源配置，推动基层文化惠民工程扩大覆盖面、增强实效性”。

4.2 实践基础

目前，国内县（区）级以上公共图书馆发展有了较好的基础。2018年，全国共有县（区）级以上公共图书馆3176个，财政拨款175.4512亿元，其中新增藏量购置费24.6475亿元，总藏量为10.3716亿册，全国公共图书馆共举办各种活动179043次，这些为公共图书馆开展资源和服务下沉奠定了基础。

4.3 实施主体

实施公共图书馆服务下沉的主体应是公共图书馆事业发展较好的县（区）级及以上地区的政府有关部门与公共图书馆，下沉对象应优先选择乡镇（街道）一级的分馆或基层图书馆。在体系建设较为完善、经济发展较发达的地区，可进一步下沉至社区（村）分馆。

4.4 建设内容

依托已有的基层综合性公共文化服务中心、总分馆等建设基础，积极推动公共图书馆服务向乡镇、街道和社区延伸，建立健全基层公共图书馆服务体系。在政策、资金、技术和考核等方面的保障下，加强总分馆之间的交流互动、提高信息资源共建共享水平、建设统一的数字云平台。引入创新的方法与方式，建立和完善管理制度、服务理念和考核标准，推动专业人员、服务资源、服务项目和服务标准的下沉，丰富总分馆制的内涵，切实提升基层公共图书馆的服务效能。在下沉过程中，不同级别和类型的公共图书馆应根据本馆实际情况和服务对象的需求承担相应的责任。

（1）更新理念：重视用户服务、加强创新学习

科学规划和统筹区域内公共图书馆的业务培训和继续教育工作，通过集中研讨、督促指导、实践演练、“一帮一”等学习方法与方式，加强总馆和分

馆之间的沟通与互动，推动基层公共图书馆服务理念的更新，促使图书馆员积极了解创新的服务理念、服务方式、服务内容，加强理论学习，建设学习型的现代公共图书馆。

（2）建设制度：总馆以多种方式激活基层公共图书馆活力

建立支持公共图书馆服务下沉的管理制度是资源和项目下沉的基础。各总分馆体系中的总馆应主动承担公共图书馆体系的规划协调责任，参考总馆的管理制度，特别是社会力量参与、空间改造、信息公开等能够激发基层活力的制度，编制并指导所在区域分馆的工作流程和操作规范，整合区域内公共图书馆服务力量，加强基层公共图书馆服务的管理，形成统一协调、逐级落实、各司其职的责任落实机制和服务开展机制。

（3）服务资源的下沉：建设 1 万个配备 1 万册书刊的重点图书馆

在全国范围内建设 1 万个服务重点下沉的基层公共图书馆，由中央财政支持，在 5 年内配备 1 万册书刊，保障其拥有基本的文献资源。

在重点下沉的基层公共图书馆之外，通过多种方式完善基层公共图书馆的服务资源。县（区）级以上公共图书馆应采取图书流通、资源捐赠等方式进一步推动总馆资源向分馆、基层图书馆转移，加强文献信息资源的流通和利用。

县（区）级以上公共图书馆与基层公共图书馆建立总分馆业务协作关系，实现读者证互认，实施通借通还，开展联合参考咨询，将基层公共图书馆纳入地区公共图书馆服务网络。

基于创新的信息技术和数字平台，推动县（区）级公共图书馆总馆与分馆或基层图书馆数字图书馆资源的互联互通、共建共享，通过为基层公共图书馆读者开通数字资源使用权限或由县（区）级公共图书馆提供适配数字资源等方式，实现数字资源同城服务，从而构建具有广泛资源覆盖面的数字图书馆服务网络，建立直接面向人民群众的服务资源体系。

（4）服务项目的下沉：阅读推广品牌和数字服务项目

以基层公共图书馆及相关机构为阵地，选择并推动优秀的阅读推广品牌、文化产品和活动下基层。(一)采取品牌联动方式,县(区)级以上公共图书馆与基层图书馆进行联合举办社会文化活动;(二)通过传授品牌建设经验和活动开展经验,鼓励基层公共图书馆调动本地人民群众和社会力量,复制成功的服务经验、探索本地的独特项目;(三)利用公共文化云、数字图书馆等技术平台,提高面向基层的服务项目下沉效率,以新兴形式打通公共数字文化服务的"最后一公里"。

(5)专业人员能力提升:培育专业知识,提高服务效能

县(区)级公共图书馆要借助专业优势,促进基层公共图书馆馆员能力提升:(一)建立专业馆员的常规下沉制度,引导县(区)级公共图书馆员下沉至基层图书馆,展开长效、深入的业务指导工作;(二)由县(区)级以上公共图书馆定期组织基层公共图书馆员工开展培训;(三)基层公共图书馆选派馆员到县(区)级以上公共图书馆,通过跟岗实习等方式学习专业知识;(四)公共图书馆之间通过共享业务视频、讲座和在线课程等方式,实现图书馆之间的信息互通;(五)建立公共图书馆交流平台,推动相关制度、理念、资源、项目、标准的整合与对接,形成有效的交流和沟通渠道,逐步培育基层公共图书馆的独立服务能力,提高其服务效能。

5 项目实施路径

5.1 试点示范

用1—2年时间,在东、中、西部分别选择若干地区具有代表性的总分馆体系,通过给予配套补贴的方式,先期开展公共图书馆服务下沉试点,探索符合地方特色、满足当地需求、具有推广价值的服务下沉和效能提升模式,对表现突出的公共图书馆予以奖励,并作为代表性案例进行全国推广。

5.2 制定方案

由文化和旅游部主导,制定《公共图书馆服务下沉及效能提升项目指导意见》(以下简称《意见》),明确公共图书馆服务下沉和效能提升的基本原则、主要内容和整体路径。

《意见》应以专业人员、服务资源、服务项目和考核标准为中心，明确提出对应的下沉标准和效能提升目标：

（一）在全国范围内建设1万个服务重点下沉的基层公共图书馆，每个公共图书馆为其配备1万册图书。由各地中心图书馆负责图书的采购和选配，切实保障基层公共图书馆的基本服务能力。（二）数字资源和可复制、可推广、可借鉴的品牌项目，应当实现100%下沉。（三）发达地区的中心馆每年应至少派遣3名馆员到基层展开服务下沉的相关工作，总派出时间不得低于9个月；欠发达地区中心馆每年应当派出不少于2人到基层展开服务下沉的相关工作，总派出时间不得低于6个月。（四）重点建设的基层公共图书馆要100%建立起以服务效能为中心的考核标准；其他基层公共图书馆实现以服务效能为考核标准的比例应达到50%。

5.3　全面推开

通过试点示范的前期探索，组织考察学习和总结研讨，吸收成功经验，在文化和旅游部主导下，要求各省、市、县（区）政府将推进服务下沉、实现服务效能提升作为“十四五”时期构建现代公共文化服务体系的重要内容，承担主体责任，对接发展规划、明确总体思路，因地制宜地结合乡村振兴、文化扶贫等相关工作负责组织推进。

5.4　评估验收

首先，应在公共图书馆服务下沉的过程中，同时推动考核制度和考核标准的完善。一方面，将基层公共图书馆服务效能的提升纳入发达地区省、市级公共图书馆的考核指标体系之中。另一方面，基层公共图书馆应该逐步摆脱以软硬件投入为中心的传统考核标准，重视基层公共文化服务的效能问题，注重提高资源利用效率、活动参与率、社会力量参与水平、数字化服务水平等。

其次，实施评估验收。由文化和旅游部主导，建立相应的监管、汇报机制，配合各省成立评估验收小组，根据实际情况，不定期对公共文化服务下沉和效能提升状况进行查验。同时，在第七或第八次县级以上公共图书馆评估中，突出服务下沉的相关指标。

6　保障条件

6.1　政策保障

相关主管部门推出相关指导文件和政策文本，为项目提供政策保障，确保公共图书馆服务下沉工作的合法性与合理性，同时制定相关优惠政策，减小服务下沉项目实施阻力，鼓励和引导社会力量、人民群众参与服务下沉和效能提升的相关工作。

6.2　资金支持

中央财政为“公共图书馆服务下沉和效能提升项目”划出充足预算，向地方财政部门下拨专款资金用于相关工作。以往用于支持欠发达地区图书馆建设的专项资金，可考虑以本项目作为实施载体下发。

除此之外，对于1万个重点建设的基层公共图书馆，拟用5年时间为每个图书馆配置1万本图书或期刊。

6.3　技术保障

应继续推动数字图书馆工程、公共文化云等技术平台的建设和完善，统筹社区阅读中心、数字农家书屋、公共数字阅读终端等设施的建设，从技术层面为基层服务的可达性提供支持。

6.4　强化考核

推动各地区政府重点督查关工作的进度和成效，将本项目作为公共文化服务体系建设绩效考核的重点，接受社会和人民群众监督。积极吸纳人民群众的建设性意见和建议，不断完善考核标准，提高服务水平。